CODE GALANT,

OU

ART DE CONTER FLEURETTE;

PAR HORACE RAISSON,

Auteur du Code civil, du Code conjugal, etc.

NOUVELLE ÉDITION.

Dans cette courte vie, tout est conte [illegible] mécompte.

CHARRON, *De* [illegible]

PARIS,

OLLIVIER, ÉDITEUR,

QUAI DES AUGUSTINS, N. 37;

DELAUNAY, AU PALAIS-ROYAL.

1837.

CODE GALANT,

OU

ART DE CONTER FLEURETTE.

DU MÊME AUTEUR.

Code civil.

Code épicurien.

Code conjugal.

Code de la toilette.

Code des honnêtes gens.

—

Histoire populaire de Napoléon, 10 vol.

— de la Révolution française, 8 vol.

— de la Garde Nationale, 1 v. in-8°.

—

Marie Stuart, roman historique, 4 v. in-12.

Une Blonde, 1 vol. in 8°.

Vie et Aventures de Pigault-Lebrun, 1 vol. in-8°.

SOUS PRESSE.

Histoire pittoresque, anecdotique et biographique de la Police de Paris, 1 vol. in-8°.

Procès historiques, 2 vol. in-8°.

PARIS. — Imprimerie de Grégoire et Compagnie, rue du Croissant, n. 16.

Mlle Johannot del. et sculp.

CODE GALANT,

OU

ART DE CONTER FLEURETTE.

PAR HORACE RAISSON,

AUTEUR DU CODE CIVIL, DU CODE CONJUGAL, ETC.

Nouvelle édition.

Dans cette courte vie, tout est compte
et mécompte.

CHARRON. *De la Sagesse.*

PARIS.

OLLIVIER, ÉDITEUR,

QUAI DES AUGUSTINS, N. 37.

DELAUNAY, AU PALAIS-ROYAL.

1837.

PROLÉGOMÈNES.

Jeune ou vieux, bien ou mal, sot ou sage, une fois au moins l'homme doit aimer ; et du hasard d'un premier amour dépend trop souvent la somme de bonheur de la vie entière.

Ce serait un livre précieux que celui où seraient enseignées toutes les délicates théories de l'amour, où l'art de plaire se trouverait réduit en principes : la jeunesse, l'inexpérience, y puiseraient de précieuses leçons ; malheureusement un tel ouvrage est impossible.

Un livre ne saurait donner qu'une idée bien pauvre de l'amour, de cet amour qui occupe toute l'ame, la remplit d'images tour-à-tour heureuses ou désespérantes, mais toujours sublimes, l'isole et la concentre dans une série d'idées où se rattache le malheur ou la félicité. Comment pouvoir rendre sensibles la simplicité de geste et de caractère, le regard, peignant si juste et avec tant de candeur la nuance de chaque sensation? Comment surtout exprimer cette aimable noncurance pour tout ce qui n'est pas la personne aimée? Aussi, que de romans, que d'histoires amoureuses, et combien peu d'observations simples et vraies sur l'amour!

Au reste, par le temps qui court, l'amour n'est pas une des affaires graves de la vie, et contre un fou qui se brûle la cervelle à Montmorency, on compte vingt étourdis qui se ruinent dans les coulisses de l'Opéra; notre temps est plutôt celui de la galanterie que celui de l'amour, et l'on ne saurait, au vrai, trop dire s'il faut l'en féliciter ou l'en plaindre.

Le Code Galant que nous publions aujourd'hui est donc en quelque sorte un livre de circonstance, et à ce titre du moins nous espérons pour lui, de la part du lecteur, un bienveillant accueil : quant à son contenu, nous avouons en toute humilité n'en être en quelque sorte que le compilateur; un petit ouvrage de ce genre s'écrit beaucoup plus avec la mémoire qu'avec l'esprit, et nous nous sommes avant tout appliqué à y rassembler surtout ce qui se rattache *à l'art de conter fleurette*, les idées vives, les aperçus ingénieux, les observations délicates, épars dans une foule de bons ouvrages, et qui, ainsi réunis, forment en quelque sorte un corps complet de doctrine, d'où l'on peut, à son gré, déduire de faciles et précieux enseignemens.

Dans quelques parties de ce *Code* nous avons eu à aborder de délicates matières : nous nous sommes appliqué à les traiter avec beaucoup de ménagemens, nous avons même parfois mieux aimé passer à côté de la difficulté que de heurter de front les idées enracinées de l'usage reçu; aussi espérons-nous que la pruderie nous saura gré de notre retenue. Quant aux lecteurs dont les idées sympathisent avec les nôtres, nous sommes assuré d'avance d'être compris par eux.

Peut-être nous reprochera-t-on, comme on a déjà fait pour quelques bagatelles publiées antécédemment*, la futilité de ce petit livre : mais est-ce donc une obligation invariable d'employer un *style mâle*, et n'est-il permis d'écrire que sur des sujets *collets-montés*? Il y a cent façons de réformer et d'instruire, et les heures n'appartiennent pas toutes aux pen-

* Code gourmand, Code civil, etc.

sers graves. On parle, à tout propos, du *positif* de la génération nouvelle et de la tendance sérieuse des esprits de la *jeune France* Grace au ciel, maintes gens, nos amis, qui ne sont pas tombés encore à l'état caduc, aiment toujours la liberté, le plaisir, peut-être un peu même la licence; mais leur gaîté, bien qu'elle ne se pince pas les lèvres, est tout autant dans les mœurs constitutionnelles que le *sérieux* de nos philosophes frais émoulus du collége.

Il nous reste, en lançant ce livret dans le monde, à faire des vœux pour sa fortune et à le recommander surtout à l'indulgence du lecteur. Nous eussions dû sans doute le faire meilleur et plus hardi : nous n'osons dire ce qui nous en a empêché. S'il ennuie, l'excuse ne serait pas admise; s'il fait passer gaîment une heure, il est pardonné.

H. R.

En commençant ce petit livre, il y aurait, ce semble, ingratitude à ne pas consacrer quelques pages à raconter l'histoire touchante de la gentille enfant dont le nom a fourni à-la-fois le titre et le sujet.

L'origine et l'étymologie du vieux dicton *conter fleurette* sont d'ailleurs bien plus authentiques que celles consacrées chaque jour par la docte Académie, et ce n'est pas sans quelque plaisir que l'on relit la peinture naïve des premières amours de ce roi dont le nom seul réveille déjà des souvenirs de noblesse et de galanterie.

Henri IV avait à peine quinze ans lorsque Charles IX vint à Nérac pour visiter la cour de Navarre*. Le court séjour du roi fut marqué par des jeux et des fêtes où le jeune Henri se fit surtout remar-

* En 1566.

quer par son élégance, son ardeur et sa dextérité.

Charles aimait à tirer de l'arc; on s'empressa de lui en donner le divertissement, et l'on pense bien qu'aucun des courtisans, pas même le duc de Guise, qui excellait à cet exercice, n'eut la maladresse de se montrer plus adroit que le roi. Mais le tour d'Henri (que l'on appelait encore Henriot) vient de tirer: il s'avance, et du premier coup enlève avec sa flèche l'orange qui servait de but. Les lois de ce noble jeu veulent qu'un second but soit immédiatement placé et que le vainqueur le tire le premier: Henri s'apprête donc à tirer sa seconde flèche; mais Charles s'y oppose et le repousse avec humeur; Henri s'indigne, recule quelques pas, et, bandant son arc, dirige la pointe acérée contre la poitrine de Charles. Le prudent monarque se mit bien vite à l'abri derrière le plus gros des courtisans d'alors, et donna l'ordre qu'on éloignât de sa personne ce dangereux petit-cousin.

La paix se fit : le tir de l'arc recommença le lendemain, mais Charles trouva un prétexte pour n'y point paraître. Cette fois, le duc de Guise enleva tout d'abord l'orange, qui se fendit en deux. On n'en trouvait pas d'autre pour replacer au but; le jeune prince voit briller une rose sur le sein d'une des jeunes filles qui entourent la barrière, il s'en saisit et court la placer. Le duc tire le premier: son adresse est en défaut, il n'atteint pas; Henri, qui lui succède, lance sa flèche au milieu de la fleur, dont il se saisit galamment, puis il court la rendre à la jolie villageoise, sans la détacher de la flèche qui lui sert de tige.

Un trouble naïf et touchant se peint sur les traits charmans de la jeune fille. Henri sent s'arrêter le battement de son cœur, un doux regard s'échange rapidement entre eux.

Henri, en retournant au château, apprend que cette aimable enfant s'appelle Fleurette et qu'elle habite avec son père, jardinier du château, un petit pavillon qui se trouve à l'extrémité du bâtiment des écuries*.

Dès le lendemain, le jardinage est devenu la passion dominante de Henri; il choisit un terrain de quelques toises aux environs de la fontaine de la Garenne, où il sait

* Ce pavillon existe encore; il sert à renfermer des instrumens aratoires.

que Fleurette se rend plusieurs fois chaque jour ; il l'entoure d'un treillage, y fait des plantations et travaille avec d'autant plus d'ardeur qu'il est aidé par le père de Fleurette et qu'il a vingt fois par jour l'occasion ou le prétexte de la voir.

Si, comme madame de Genlis, j'écrivais un roman historique, j'aurais beau jeu à arranger une série d'insignifians détails ; mais je raconte une anecdote, et, pour établir l'étymologie de mon vieux dicton, il suffit, je pense, de rapporter les simples traditions du fait touchant sur lesquelles elle repose.

Depuis près d'un mois, le sensible *Henriot en contait à Fleurette;* tous deux s'aimaient éperdument, sans trop savoir encore ce qu'ils se voulaient : ils l'apprirent un soir à la fontaine.

Fleurette s'y était rendue un peu tard; l'air était pur; le murmure de la source, le chant plaintif du rossignol, enchantaient le silence de la feuillée, et la lune éclairait de son jour touchant cette retraite où la nature est déjà la volupté. Que se passa-t-il dans cette soirée à la fontaine de la Garenne, entre le petit prince de quinze ans et la bergerette de quatorze! plus est aisé de l'imaginer que de le dire ; toujours est-il qu'au retour de la fontaine, Fleurette avait pris le bras du prince de Béarn et que celui-ci portait allègrement la cruche sur sa tête. Ils se séparèrent à l'entrée du parc ; l'un retourna gaîment au château, l'autre pleurait en rentrant dans son modeste réduit.

Le père de Fleurette ne s'aperçut pas que sa fille, depuis ce jour, allait plus tard à la fontaine; mais le précepteur du prince, le vertueux Lagaucherie, remarqua que son royal élève avait toujours un prétexte pour s'échapper durant la soirée, et que, par le plus beau temps du monde, la forme de son chapeau se trouvait mouillée au retour. Une fois sa prudence éveillée, il suivit de loin le jeune prince; et, sans être vu, arriva assez tôt et assez près pour s'apercevoir qu'il était venu trop tard. Convaincu de cette vérité que la fuite est le seul remède à l'amour, il annonça au prince que le lendemain ils se mettraient en route vers Pau, pour, de là, se rendre à l'*entrevue de Baïonne* *.

L'instinct de la gloire, peut-être aussi celui de l'inconstance, parlaient déjà au cœur de Henri; cette

* Où fut résolu le massacre des protestans.

nécessité d'une première séparation, qu'il courut en larmes annoncer à Fleurette, trouvait à son insu quelque adoucissement au fond de son ame; mais comment peindre le désespoir de la naïve et sensible Fleurette : dans les derniers instans d'un bonheur près de lui échapper, elle pressentait tous les maux de l'avenir.

« Vous me quittez, Henri, di-» sait la tendre enfant, étouffée » par ses pleurs, vous me quittez, » vous m'oublierez, et je n'aurai » plus qu'à mourir! » Henri la rassurait et lui faisait le serment d'un amour éternel que

Fleurette seule devait acquitter.

« Voyez-vous cette fontaine de » la Garenne, » disait-elle au moment où la cloche du château rappelait le prince pour le signal du départ : « absent, présent, vous » me trouverez là !....... toujours » là !....... * »

Les quinze mois qui s'écoulèrent jusqu'au retour d'Henri au château d'Agen, avaient développé dans l'ame du jeune prince des vertus incompatibles avec l'innocence des premières amours, et les filles d'honneur de Catherine de Mé-

* Notice sur Nérac, par M. le comte de Villeneuve-Bargemont.

dicis s'étaient chargées du soin d'effacer de son souvenir l'image de la pauvre petite Fleurette. Elle, plus affligée que surprise d'un changement dont sa raison précoce l'avait dès long-temps avertie, ne lutta pas contre un malheur prévu, et ne songea qu'à s'y soustraire.

Plusieurs fois elle avait vu le prince de Béarn se promener dans les bosquets de la Garenne avec mademoiselle d'Ayelle: elle n'avait pu résister au désir de se trouver un jour sur leurs pas. La vue de Fleurette, plus belle encore de sa tristesse et de sa pâleur, réveilla dans le cœur du jeune Henri un tendre et cruel souvenir : il courut le lendemain matin au pavillon, et la pria de se trouver encore une fois du moins à la fontaine de la Garenne. « J'y serai à huit heures, » répondit la jeune fille sans lever les yeux. Henri s'éloigna plein d'espoir, et attendit avec cette impatience du premier amour, que Fleurette d'un regard avait ranimée dans son sein, l'heure qui devait la lui rendre. Huit heures sonnent : il s'esquive du château, il traverse le taillis du parc et arrive à la fontaine. Fleurette ne s'y trouvait pas. Il attend quelques minutes : le plus léger bruissement des feuilles fait tressaillir son cœur ; il va, vient, s'arrête..... Mais il aperçoit près de la fontaine une petite baguette fichée sur l'endroit même où tant de fois il s'est assis près de Fleurette. C'est une flèche : il la reconnaît : la rose fanée y tient encore ; un papier est attaché à la pointe ; il le prend, essaie de le lire ; mais le jour s'est éteint. Palpitant, troublé, il vole au château, ouvre le fatal billet... le voici : « Je vous ai dit que vous » me trouveriez à la fontaine : j'y » suis. Peut-être êtes-vous passé » bien près de moi. Retournez-y, » cherchez mieux... Vous ne m'ai-

» miez plus... il le fallàit bien.....
» Mon Dieu! pardonnez-moi!... »

Henri a compris le sens cruel de ce billet : des valets munis de flambeaux courent sur ses pas à la Garenne.....

Le corps de l'adorable enfant fut retiré du fond du bassin où s'épanchent les eaux de la fontaine, et déposé entre les deux arbres que l'on y voit encore. Des regrets déchirans, une douleur poignante, furent du moins la punition de Henri.

Fleurette fut, de toutes les maîtresses du *Béarnais*, la seule qui l'ait aimé sincèrement, la seule qui lui resta fidèle. Mais la pauvre petite ne fit pas des ministres, ne travailla pas avec des confesseurs, ne donna à la France ni bâtards, ni légitimés; aussi l'histoire ne fait-elle aucune mention de Fleurette, et nul éditeur ne s'avise d'annoncer pompeusement ses Mémoires. Par une heureuse compensation toutefois, la galanterie a pris son joli nom sous ses auspices et s'est chargée de perpétuer la gracieuse mémoire de la olie et tendre enfant, à qui l'on ne saurait se défendre de donner un doux souvenir, chaque fois que j'on tente de *conter fleurette*.

***

Code Galant.

CODE GALANT.

TITRE PREMIER.

Avant.

CHAPITRE PREMIER.

De l'Amour.

—

ARTICLE PREMIER.

L'amour prend sa source dans les deux sentimens les plus purs, l'admiration et l'espérance *.

* Qui s'avise de devenir amoureux d'une reine, à moins qu'elle ne fasse des avances ?

ART. 2.

Il est difficile de définir l'amour : ce qu'on peut en dire est que dans l'ame, c'est une passion de régner; dans l'esprit, c'est une sympathie, et dans le corps, ce n'est qu'une envie cachée et délicate de posséder ce que l'on aime, après beaucoup de mystères. (La Rochefoucauld.)

ART. 3.

L'amour est comme la fièvre, il naît et s'éteint sans que la volonté y ait la moindre part. Aussi ne peut-on s'applaudir des belles qualités de ce qu'on aime que comme d'un hasard heureux.

ART. 4.

Les grandes passions se trahissent surtout par des preuves ridicules, l'extrême timidité, par exemple, et même la mauvaise honte.

ART. 5.

L'amant est bien près d'être heureux qui commence à douter du bonheur qu'il se promettait et devient sévère sur les motifs d'espérer qu'il a cru voir.

ART. 6.

Dans l'amour, au rebours de la plupart des autres passions, le souvenir de ce que l'on a perdu paraît toujours au-dessus de ce qu'on peut attendre de l'avenir.

ART. 7.

Le moment le plus déchirant de l'amour est celui où il s'aperçoit qu'il s'est mépris et qu'il lui faut, de ses propres mains, détruire la belle chimère de bonheur qu'il s'était bâtie à grand' peine.

ART. 8.

L'amour est de tous les âges : Horace Walpole inspira la passion la plus vive à madame du Deffand, septuagénaire, et les belles personnes de la cour du vieux roi Louis XIV étaient éprises de cette ombre.

ART. 9.

Avant la naissance de l'amour, la beauté est nécessaire comme enseigne ; elle prédispose à cette passion par les louanges que l'on entend donner à celle que l'on aimera. Une admiration très vive rend la plus petite espérance décisive.

ART. 10.

L'amant trouve dans l'objet de son adoration toutes les perfections, même celles des genres les plus opposés. Voilà la raison morale pour laquelle l'amour est la plus violente des passions. Dans les autres, les désirs doivent s'accommoder aux froides réalités; dans celle-ci, ce sont les réalités qui s'empressent de se modeler sur les désirs.

ART. 11.

Du moment qu'il aime, l'homme, même le plus sage, ne voit plus aucun objet sous son jour vrai. Il s'exagère en moins ses propres avantages, et en plus les moindres faveurs de l'objet aimé. La crainte, l'espoir, donnent pour lui de la réalité aux fictions de son esprit; il perd enfin le sentiment de la probabilité.

ART. 12.

Dans l'amour, les femmes ne pardonnent pas ce qu'elles appellent *un manque de délicatesse.* Ce mot, inventé par l'orgueil, n'est pas très clair ; il a l'air d'exprimer quelque chose de semblable à ce que les rois appellent lèse-majesté, crime d'autant plus dangereux qu'on y tombe sans s'en douter.

CHAPITRE II.

De l'Attachement.

ARTICLE PREMIER.

L'attachement est une modification de l'amour et une nuance de l'amitié.

ART. 2.

Un rapport d'humeur, de caractère, de position, l'insouciance, le hasard, forment parfois des liens qui durent sans trouble toute la vie.

ART. 3.

Dans l'attachement il faut plus d'abnégation que dans l'amour, car on y est privé des douces compensations de l'amour-propre.

ART. 4.

Un attachement sincère prend nécessairement sa source dans un vrai mérite et s'appuie sur quelque vertu. On blâme dans le monde de semblables liaisons, et pourtant il y a mille à parier contre un que la femme qui fait naître un durable attachement est plus estimable que celle qui inspire un violent amour.

ART. 5.

Chez quelques hommes d'infiniment d'esprit, un attachement n'est le résultat ni de la passion, ni de la convenance, ni du désœuvrement: c'est en quelque sorte un besoin de société passive. Cette situation se peint très bien par le mot de M. de Talleyrand, qui venant de quitter la femme la plus célèbre de France par son génie brillant et ses ouvrages admirables, prit pour maîtresse une belle sotte: « Cela repose! » disait-il, et il n'a jamais rompu cet attachement.

CHAPITRE III.

Du Goût.

ARTICLE PREMIER.

Le goût est à l'amour ce qu'une estampe est à un tableau : copie exacte, moins la couleur.

ART. 2.

L'homme d'esprit prévoit d'avance toutes les phases d'une liaison de goût ; comme il y apporte plus de délicatesse que de passion, il s'y montre constamment aimable.

ART. 3.

Les moralistes réprouvent l'amour-goût : ils ont tort. A quelque genre d'affection en effet que l'on doive les plaisirs, dès qu'il y a exaltation de l'ame, ils sont vifs, et leur souvenir doit être pur.

ART. 4.

Quelquefois le goût se change en amour durable. Il est alors plein de charmes, car il est basé sur l'expérience, l'habitude et la certitude de ne pouvoir trouver mieux.

ART. 5.

Le mal, c'est que dans l'amour-goût on tient plus de compte de la manière dont les autres voient la personne à qui on s'attache que de la manière dont on la voit soi-même.

ART. 6.

La grace de la nouveauté est à l'amour-goût ce que la fleur est sur les fruits: elle y répand un lustre qui s'efface aisément et qui ne revient jamais.

ART. 7.

Aussi une liaison de goût ne saurait-elle durer lorsque chez l'une des deux parties seulement vient à naître l'amour-passion.

CHAPITRE IV.

Du Caprice.

—

ARTICLE PREMIER.

Le caprice est l'amour de ceux qui n'en ont pas.

ART. 2.

Les organisations trop faibles pour comprendre ou pour supporter les délicieux tourmens de l'amour, se rejettent sur le caprice : là, s'ils ne trouvent pas le bonheur, ils rencontrent du moins le plaisir.

ART. 3.

On confond trop communément le caprice avec l'inconstance; rien de plus dissemblable pourtant : l'une est un vice du cœur, l'autre un calcul de l'esprit.

ART. 4.

Le caprice est assurément la source de mille petites félicités : il butine en amour sur tout ce qu'il y a de vif, de gracieux, de gai. Malheureusement son règne est court, et s'il laisse quelques souvenirs, il laisse encore plus de regrets.

ART. 5.

« Le caprice, dit La Bruyère, est dans les femmes tout proche de la beauté pour être son contre-poison et afin qu'elle nuise moins aux hommes, qui n'en guériraient pas sans ce remède. »

TITRE DEUXIÈME.

Pendant.

CHAPITRE PREMIER.

Des Regards.

ARTICLE PREMIER.

Les regards sont la monnaie courante de l'amour. Ils suppléent la parole, et parfois même ont sur elle l'avantage d'une expression plus fine et plus vive.

ART. 2.

Le regard est la grande arme de la coquetterie vertueuse. On peut tout dire avec un regard, et cependant on peut toujours nier ce que l'œil a si bien exprimé; car le regard peut s'interpréter, non se traduire.

ART. 3.

L'œil est, dit-on, le miroir de l'ame : il est aussi l'interprète du cœur; et, bien qu'une coquette fasse dire à peu près ce qu'elle veut à ses regards, il y a dans ceux de l'innocence et du véritable amour quelque chose qu'elle ne saurait feindre.

ART. 4.

Le regard, pour être expressif, doit être, avant tout, naturel. L'affectation est là, comme partout, le plus dangereux écueil; et ces amans transis qui croient se rendre fort séduisans en jetant en coulisse des regards langoureux, rencontrent juste le ridicule où ils espéraient trouver la passion.

CHAPITRE II.

Des Lettres.

ARTICLE PREMIER.

C'est un si rare et si précieux talent que celui de bien écrire une lettre d'amour, qu'à peine trouve-t-on dix parfaits modèles en ce genre dans notre langue, si féconde en écrits.

ART 2.

Heureux celui dont on reçoit les lettres! elles sont le plus puissant parmi les moyens de plaire. Une pensée, un sentiment qui dans une conversation eussent faiblement frappé l'imagination, s'y gravent au moyen d'une lettre.

ART. 3.

« Les regards sont les premiers billets doux des amans. » (Ninon.) Il faut qu ceux qui succèdent aient autant de vivacité, d'expression et de mystère.

ART. 4.

« Une lettre que l'amour a réellement dictée, une lettre d'un amant vraiment passionné, sera lâche, diffuse, toute en langueur, en désordre, en répétitions. Son cœur, plein d'un sentiment qui déborde, redit toujours la même chose et n'a jamais achevé de dire, comme une source vive qui coule toujours et ne s'épuise jamais. Rien de saillant, rien de remarquable; on ne retient ni mots, ni tours, ni phrases; on n'admire rien, et l'on n'est frappé de rien ; cependant on se sent l'ame attendrie, on se sent ému sans savoir pourquoi. Si la force du sentiment ne nous frappe pas, sa vérité nous touche ; et c'est ainsi que le cœur sait parler au cœur. »

(J.-J. Rousseau.)

ART. 5.

Ces préceptes de l'auteur d'Héloïse ne peuvent-ils pas se résumer ainsi : Pour qu'une lettre d'amour soit ce qu'elle doit être, il faut la commencer sans savoir ce que l'on dira, et la finir sans savoir ce que l'on a dit.

CHAPITRE III.

Des Rendez-vous.

ARTICLE PREMIER.

Le premier rendez-vous est le commencement du bonheur, en amour. C'est là surtout qu'il faut être maître de soi pour paraître naturel. C'est le triomphe de l'amour-goût et le désespoir de l'amour-passion. L'un, brillant, fin, calculateur, y prend avantage de tout; l'autre, démoralisé, interdit, reste court.

ART. 2.

Quel moment, en effet, pour l'homme vraiment épris! Dès l'abord, l'idée de la fin de la visite est trop présente pour qu'il puisse trouver de l'esprit et du plaisir. Il parle beaucoup sans s'écouter, souvent il dit le contraire de ce qu'il pense. Il s'embarque dans de ridicules discours, et s'il vient à couper court, l'effort qu'il fait pour reprendre son assiette est si violent qu'il a l'air froid. L'amour se perd là par son excès.

ART. 3.

Avant d'arriver au lieu de ce rendez-vous, cependant, l'imagination était bercée par les plus charmans dialogues; on imaginait les transports les plus tendres, les plus touchans, et tout ce bel apprêt d'éloquence et d'audace disparaît sous l'impression d'un regard.

ART. 4.

Parler beaucoup de son amour, dire avec grace ce qui l'a fait naître, attendre des réponses, ou plutôt les deviner, voilà la tactique la plus simple et la plus sûre des rendez-vous.

ART. 5.

L'art de la femme est prodigieux pour donner le change à un amant. C'est à lui d'être toujours sur ses gardes et de ne se pas laisser prendre surtout à cette coquetterie qui à de l'amour oppose de l'indifférence, de la froideur, jusqu'à de la colère. Une fois certain d'être aimé, interprétez même l'ironie tout au rebours : vous déjouerez ainsi la conscience, la prudence, et peut-être la coquetterie.

ART. 6.

Au reste, il y a autant de sortes de rendez-vous que de sortes d'amours et de caractères. Là, comme en tout, le hasard fait plus que le calcul, la passion et l'esprit.

CHAPITRE IV.

Promesses et Sermens.

ARTICLE PREMIER.

Les puritains en amour assurent qu'on ne doit rien promettre ni jurer à sa maîtresse qu'on ne soit assuré de le tenir. Les tolérans répondent que « promettre et tenir sont deux, » et que l'on doit toujours promettre, quitte à tenir si l'on peut.

ART. 2.

Ainsi, entre gens de cœur, les protestations, les sermens, *à jamais*, *pour la vie*, doivent aller, venir, s'échanger comme les boulets sur un champ de bataille.

ART. 3.

Il est un genre de promesses en amour qui permet un peu de vanterie. Il est bien peu de femmes avec qui il obtienne beaucoup de succès ; mais enfin, près des curieuses, des incrédules, des gourmandes, il est de bonne guerre d'en faire usage, dussent-elles plus tard comprendre que l'hyperbole est une innocente figure de rhétorique.

ART. 4.

Auprès d'une coquette, l'homme le plus dangereux est celui qui est parvenu à ce point de probité et d'aplomb de n'oser pas promettre de fidélité, et d'en exiger.

ART. 5.

Autrefois on jurait de mettre fin à ses jours, on jurait de fuir, de se venger, et tous ces beaux sermens ont fléchi plus d'une cruelle. Cette tactique a vieilli : on jure tout simplement aujourd'hui de se consoler, d'offrir ses vœux à une ennemie de la dédaigneuse, et quelquefois on obtient par la pique le prix refusé à l'amour.

CHAPITRE V.

L'Accord parfait.

ARTICLE PREMIER.

Le monde crie contre l'accord parfait. Qu'y faire ? Ne serait-on pas ridicule si l'on s'avisait de répondre : « Il est beaucoup plus contre la pudeur de se mettre au lit avec un homme qu'on n'a vu que deux fois, après trois mots latins dits par un prêtre, que de céder en dépit de soi à un homme qu'on adore depuis deux ans * ?»

* Je viens de voir cette après-midi une cérémonie de famille, comme on dit, c'est-à-dire

ART. 2.

Le naturel, l'intimité sincère, ne peuvent avoir lieu que dans l'accord parfait, car, dans toutes les autres phases de l'a-

des hommes réputés honnêtes, une société respectable, applaudir au bonheur de mademoiselle de Marille, jeune personne belle, spirituelle, vertueuse, qui obtient l'avantage de devenir l'épouse de M. B., vieillard malsain, repoussant, malhonnête, imbécile, mais riche, et qu'elle a vu pour la troisième fois aujourd'hui, en signant le contrat.

Si quelque chose caractérise un siècle infâme, c'est un pareil sujet de triomphe, c'est le ridicule d'une telle joie; et dans la perspective, la cruauté prude avec laquelle la même société versera le ridicule à pleines mains sur la moindre imprudence d'une pauvre jeune femme amoureuse.

CHAMPFORT, 4. 155.

mour, on doit admettre la possibilité d'un rival favorisé.

ART. 3.

L'accord parfait a cet avantage sur l'amour simplement heureux, que l'harmonie d'idées, d'affections, de résolution sur laquelle il repose ne peut être troublée ni par la crainte ni par le regret. Il semble que ce soit là seulement qu'on trouve l'union telle que la nature l'ordonne et la veut, telle que l'abolition du divorce la rend nécessaire *.

* L'abolition du divorce est un des plus grands maux dont notre pays ait été affligé depuis vingt ans. La seule manière d'assurer la fidélité des femmes c'est de donner *la* liberté aux jeunes filles et le divorce aux gens mariés. Nos lois abolissent les vœux perpétuels et la servitude : qu'est-ce autre chose que le mariage sans di-

ART. 4.

« Anthisthènes, dit Montaigne, permet au sage d'aimer et de faire à sa mode ce qu'il trouve être opportun, sans s'at-

vorce? Les prêtres nous disent : « Il ne faut pas de divorce, parce que le mariage est un *mystère;* » et quel mystère! l'emblême de l'union de Jésus-Christ avec son église, « *Tu es Petrus et super hanc petram ædificabo ecclesiam meam.* » Mais que devenait ce mystère si l'*Église* se fût trouvée un nom du genre masculin. D'ailleurs ces mêmes prêtres qui ne veulent pas tolérer le divorce en 1829, ne montaient-ils pas en chaire, il y a une trentaine d'années, pour en faire l'apologie! et ceux qui se montrent si hostilement soumis à Rome ignorent-ils que Rome est la ville d'Europe où chaque année il se fasse le plus de divorces?

Le vieux Milton, qui, pour beaucoup de gens, est une toute aussi bonne autorité que le *Tu es Petrus*, s'exprime ainsi dans son Traité du Di-

tendre aux lois, d'autant qu'il a meilleur avis qu'elles, et plus de connaissance de la vertu. »

vorce : « Le mariage n'a pas été institué pour la seule procréation de l'homme, mais aussi pour sa consolation ; et comme il est rare que l'on puisse voir avant l'union si les caractères ne sont pas inconciliables, il est injuste d'exiger qu'on reste enchaîné ; car si le mariage prévient des désordres, c'est seulement lorsque l'affection est réciproque. Il en est tout autrement lorsqu'on ne peut regarder ce lien que comme un joug.

TITRE TROISIÈME.

Après.

CHAPITRE PREMIER.

De la Jalousie.

ARTICLE PREMIER.

C'est une sotte chose que la jalousie, et qui fait perdre la tête le plus souvent. Si nous la faisons figurer ici, c'est dans l'espérance que les conseils que nous donnons à froid seront utiles à quelque pauvre jaloux privé du loisir ou de la faculté de penser lui-même aux moyens de s'en guérir.

ART. 2.

« La alousie est de toutes les maladies d'esprit celle à qui le plus de choses servent d'aliment et moins de choses de remède. » (Montaigne.)

ART. 3.

Dans l'amour on embellit sa maîtresse de toutes les perfections ; chaque pas de l'imagination est payé par un moment de délire. A l'instant où naît la jalousie, la même habitude de l'ame reste, mais pour produire un effet contraire. Chaque perfection que vous ajoutez à votre idole vous blesse, vous tue : c'est pour un rival que vous la faites belle.

ART. 4.

Quel remède à cela? peut-être d'observer le bonheur de son rival, de le voir s'endormir philosophiquement dans le même salon où se trouve cette femme dont la vue seule arrête le battement de votre cœur.

ART. 5.

Ce qui rend la douleur de la jalousie si aiguë, c'est que la vanité ne peut aider à la supporter.

ART. 6.

Très souvent le meilleur parti à prendre est d'attendre sans sourciller que le rival, s'il vous est inférieur en mérite, se perde lui-même auprès de l'objet aimé. A moins d'une grande et première passion, une femme d'esprit n'aime pas long-temps un homme commun.

ART. 7.

Pour qu'une telle tactique réussisse, il faut surtout cacher son amour à son rival. En lui montrant votre jalousie, vous auriez l'avantage de lui apprendre le prix de la femme qui le préfère, et il vous devrait l'amour qu'il prendrait pour elle.

ART. 8.

Dans le cas où la jalousie naît après l'intimité, il faut user de l'indifférence apparente et de l'inconstance réelle, car beaucoup de femmes offensées par un amant qu'elles aiment encore s'attachent à l'homme pour lequel il a la maladresse de montrer de la jalousie. Le jeu alors devient réalité.

ART. 9.

On ne saurait définir les effets de la jalousie d'un homme sur le cœur de la emme qui l'aime; mais de la part d'un amoureux qui ennuie, la jalousie doit inspirer un souverain dégoût, qui peut se changer en haine si le jalousé est plus aimable que le jaloux.

ART. 10.

« On ne veut de la jalousie que de ceux dont on pourrait être jalouse, » disait madame de Coulanges.

ART. 11.

La jalousie peut plaire aux femmes qui ont de la fierté comme une manière nouvelle de leur montrer leur pouvoir ; mais si le jaloux est aimé, sans cependant avoir de droits, il risque fort de blesser cet orgueil féminin, si difficile à ménager et à reconnaître.

***

ART. 12.

Une femme se sent avilie par la jalousie, elle a l'air de courir après son amant: ce doit donc être pour les femmes un mal encore plus affreux que pour les hommes; il doit y avoir un mélange de rage impuissante et de mépris de soi-même.

ART. 13.

La Rochefoucauld dit : « On a honte d'avouer que l'on a de la jalousie, et l'on se fait honneur d'en avoir eu et d'être capable d'en avoir. »

ART. 14.

« Donner des conseils aux femmes pour les dégoûter de la jalousie, ce serait temps perdu : leur essence est si confite en soupçons, en vanité, en curiosité, que de les guérir par voie légitime il ne faut pas l'espérer. » (Montaigne.)

ART. 15.

Quant à la jalousie conjugale, la plus respectable de toutes, nous ne saurions quels remèdes lui opposer. Un malencontreux époux cependant peut s'amuser à chercher du soulagement en lisant *Othello*. Il y apprendra à douter des apparences les plus concluantes, et c'est avec délices qu'il arrêtera les yeux sur ces paroles.

Trifles light as air
Seem to the jealous, confirmations strong
As proofs from holy writ.

OTHELLO, Acte 3*.

* Des bagatelles légères comme l'air semblent à un jaloux des preuves aussi fortes que celles que l'on puise dans les promesses du saint Evangile.

CHAPITRE II.

Brouille.

ARTICLE PREMIER.

La brouille est un éperon qui avive et stimule l'amour.

ART. 2.

Elle se divise en une infinité de nuances, et rien ne se ressemble moins que la brouille de jalousie et celle de vivacité, d'intérêt, de pique, de désœuvrement, de calcul, d'incompatibilité.

ART. 3.

La brouille vient presque toujours du

côté de la femme. Elle se fâche d'abord contre elle-même, ou parce que l'habitude commence à produire l'ennui, ou parce qu'elle est trop sûre de vous. Au lieu de rendre brouille pour brouille, il suffit, dans ce cas, d'occuper son imagination, d'inquiéter son cœur, d'y faire naître les soupçons et tous les petits doutes de l'amour heureux.

ART. 4.

Quand le sujet de brouille vient de la part de l'homme, et dans ce cas il est en général plus grave, le raccommodement est toujours facile : la différence de l'infidélité dans les deux sexes est si réelle qu'une femme passionnée peut pardonner une infidélité et être encore heureuse, ce qui est impossible à un homme.

ART. 5.

Pour la brouille d'amour-propre, le remède est assez difficile, car alors la vanité de l'homme s'indigne de penser que l'on puisse lui préférer quelqu'un; et la crainte d'être pris pour dupe met toutes les passions en mouvement: le raccommodement en est plus doux.

ART. 6.

La brouille d'amour-propre fait le lien de beaucoup de mariages, et ce sont les plus heureux, après ceux que l'amour a formés. Un mari s'assure pour de longues années la fidélité de sa femme en lui donnant une rivale dès le premier mois du mariage.

ART. 7.

La différence entre la brouille d'amour-propre et la brouille de jalousie c'est que l'une veut la mort de l'objet qu'elle craint, tandis que l'autre veut que le rival vive et soit témoin de son triomphe.

ART. 8.

En principe, dans une brouillerie, on ne doit jamais craindre de paraître impétueux, véhément. On excuse même des injures lorsqu'elles semblent dictées par un sentiment passionné; mais le ton calme, dans une brouille, donnerait à croire que vous pensez tout ce que vous dites, vous blesseriez l'amour-propre, et tout raccommodement deviendrait impossible.

CHAPITRE III.

Du Raccommodement.

ARTICLE PREMIER.

« On pardonne, tant que l'on aime. » (La Rochefoucauld.)

ART. 2.

C'est une délicieuse chose que le raccommodement : il rend la fraîcheur et l'attrait de la nouveauté, non seulement aux idées et aux sensations, mais encore aux réalités.

ART. 3.

Aussi l'amour à querelles est-il le plus durable des amours *.

* Voir Duclos. Anecdotes relatives à la duchesse de Berry.

ART. 4.

C'est surtout lorsque l'on s'est brouillé, séparé, quitté *pour la vie*, qu'il est doux de se raccommoder. Il faut alors recommencer le roman de l'amour, chapitre par chapitre, et surtout fermer les yeux de peur de voir trop tôt le dénoûment.

ART. 5.

Dans le raccommodement, l'homme fait les trois-quarts des frais, mais il faut que la femme ait préparé les voies dès le moment de la brouille. Ainsi une femme ne doit jamais dire *oui* à l'amant qu'elle a trompé.*

* On connaît l'anecdote de mademoiselle de Sommery, qui; surprise en flagrant délit par son amant, lui nia hardiment le fait; et comme celui-ci se récriait : « Ah! je vois bien, lui dit-elle, que vous ne m'aimez plus : vous croyez plus ce que vous voyez que ce que je vous dis. »

CHAPITRE IV.

De la Séparation.

ARTICLE PREMIER.

Se réconcilier avec une maîtresse adorée qui vous a fait une infidélité, c'est trop présumer de sa force : il faut que l'amour meure. Certes, c'est une des combinaisons les plus malheureuses de cette passion et de la vie ; mais, réconcilié, on n'aurait pas un jour de calme ni de plaisir ; il ne faut pas penser à ne se voir que comme amis : la séparation est le seul recours d'un cœur trahi.

ART. 2.

Une fois qu'on est bien convenu avec

soi-même de la nécessité de la séparation, c'est une lâcheté d'en différer le moment.

ART. 3.

Ce qui distingue la séparation de la brouille, ce qui la rend durable, c'est la nécessité où l'on est d'oublier l'objet aimé et la facilité avec laquelle on se résout à former un autre attachement.

ART. 4.

On vante à tort et à travers les charmes du premier amour; l'homme cependant qui a été trompé une fois, et qui trouve dans une nouvelle liaison tout le charme, toute l'idéalité qu'il n'avait pas rencontrés, qu'il n'osait même plus espérer, cet homme nous semble bien plus heureux et bien plus fait pour donner le bonheur.

Applications.

LA DÉCLARATION.

La charmante vignette de M. Alfred Johannot placée au frontispice de ce volume expose, mieux que tout ce que nous pourrions dire, l'attitude et l'effet de la déclaration. L'artiste a reproduit, avec cette élégance spirituelle qui caractérise ses moindres ouvrages, le timide embarras de la jeune fille, la modeste insistance de l'amant : on voit qu'il enveloppe sous tout ce qu'il y a de formes délicates l'aveu d'un amour vrai ; qu'il attend un regard où son sort soit écrit.

Elle, tremblante, interdite, le front couvert d'une tendre rougeur, flotte incertaine entre l'espérance et la crainte; le sentiment qui l'agite semble mélangé de plaisir, de peine et d'anxiété.

Une déclaration peut être élégante, passionnée, spirituelle: elle doit avant tout être vraie. Il y a dans la voix, dans le geste, dans l'action de l'homme profondément épris un caractère et un attrait que tout l'art du monde ne saurait imiter; et la plus simple jeune fille semble douée d'une rectitude de jugement, d'une délicatesse de tact qui ne lui permettent pas de se méprendre entre l'expression d'un amour vrai et la feinte d'une grande passion.

Souvent une surveillance rigoureuse, des obstacles imprévus, une invincible timidité, s'opposent à ce que l'on puisse déclarer son amour à celle qui en est l'objet, et l'on a recours à une lettre pour lui peindre l'état de son cœur.

Une lettre, en effet, écrite avec sentiment, avec adresse, avec ame, exerce une telle puissance sur un cœur de femme que souvent elle parvient à fléchir une longue rigueur, à triompher de cruelles préventions.

Constance, sermens, promesses, rien ne saurait attendrir une femme capricieuse et légère. Qu'elle lise une lettre : les pleurs d'un amant l'ont baignée, la douleur et la tendresse en dictent les plaintes touchantes, l'espérance a répandu son gracieux coloris sur le style, et le respect s'unit au plus vif sentiment pour arriver jusqu'au cœur : un changement soudain s'opérera en elle, et la légère feuille azurée versera dans son ame cette vive passion dont l'esprit l'a en quelque sorte imprégnée.

Une lettre d'amour est le complice le plus adroit que l'on puisse placer entre ses sentimens et celle qui en est l'objet. Une femme la consulte sans cesse, la lit, la relit en secret. Votre lettre vous rend l'office d'un habile avocat, et, à chaque instant du jour, plaide éloquemment votre cause.

Nous ne tenterons pas ici de tracer les règles de ce genre de lettres : dictées par le cœur, elles semblent toujours éloquentes; imitées par l'esprit, elles manqueraient de ce charme, de ce naturel qui en fait tout le prix. Il faudrait la plume brûlante de Jean-Jacques pour écrire des lettres amoureuses.

Quant à ceux qui empruntent leurs déclarations à M. Ducray-Duminil ou au secrétaire des amans, qu'en dire ? La plus charmante femme du monde est exposée à recevoir de telles épîtres, si, à son insu, elle encourage chez quelque sot une timidité qu'elle ne prend que pour de l'embarras. Ce qu'elle a de mieux à faire en tel cas, c'est de remettre à sa femme de chambre la galante missive : il y a nécessairement eu erreur dans l'adresse.

On rencontre souvent aussi par le monde d'innocens Lovelaces ayant toujours un compliment à la bouche et une déclaration en poche; cette *classe* tout aimable s'adresse indistinctement à l'innocente jeune fille, à la douairière émérite, à la sémillante veuve; le mal n'est pas grand jusque là; mais, pour se consoler de leurs constans revers, de telles gens se vantent parfois des conquêtes qu'ils rêvent. Les femmes d'esprit ne font justice de cet odieux travers que par le ridicule et le mépris.

En général, les femmes répondent à la déclaration de l'homme qu'elles détestent par une *déclaration de principes;* à celle de l'indifférent, par une *déclaration de neutralité* ; c'est pour l'homme qu'elles aiment qu'elles réservent *la déclaration de guerre.*

DES FEMMES, FILLES ET VEUVES.

Jean-Jacques Rousseau, qui certes n'était pas un aigle en amour, était du moins profond théoricien, et ses ouvrages sont aujourd'hui l'arsenal où tout ce qu'il y a d'amans vulgaires puise de l'éloquence pour séduire les pauvres femmes assez sottes pour se laisser prendre aux faux semblans des grandes passions. La Nouvelle Héloïse présente une sorte de cours de l'art de conter fleurette, et ceux que le ciel, à défaut d'esprit, a du moins gratifiés de mémoire, y trouvent encore des élémens de succès. Attaquent-ils une femme à grands sentimens: « Femmes! femmes! objets chers et funestes que la nature orna pour » notre suplice, qui punissez quand » on vous brave, qui poursuivez » quand on vous craint, dont l'amour et la haine sont également » nuisibles, et que l'on ne peut rechercher ni fuir impunément; » beauté, attraits, sympathie, » charme inconcevable, abîme de » douleurs et de voluptés, beauté » plus terrible aux mortels que l'é-

» lément où on l'a fait naître, mal-
» heureux qui se livre à ton calme
» trompeur : c'est toi qui produis
» les tempêtes qui tourmentent le
» genre humain. » Avec tout ce pathos, sur lequel enchérissent encore la voix et le geste, on peut tromper un faible esprit; près d'une femme fine et sémillante, on ne serait que ridicule; on est touchant près d'une romanesque.

Avec la jeune fille, la tactique doit être différente; mais Jean-Jacques vient encore au secours de l'imagination en défaut : « L'ac-
» cord de l'amour et de l'inno-
» cence semble être le paradis sur

» la terre : c'est le bonheur le plus » doux et l'état le plus délicieux de » la vie! » Que cette phrase ou quelque autre lieu commun aussi bien exprimé retentisse à l'oreille de la jeune fille, aussitôt une teinte de pourpre se répand sur ses joues timides, son cœur tressaille, ses longues paupières se baissent lentement vers la terre, comme inclinées par un sentiment de honte; un léger frémissement agite sa poitrine; il semble qu'alors son esprit cherche à expliquer ce qu'éprouve son ame, qu'elle veuille analyser un sentiment nouveau. Une jeune fille, en effet, tente toujours d'étouffer cette voix intime qui la tourmente et qui a pour elle un charme si puissant.

Mais si l'on fait habilement germer dans son cœur une tendre confiance ; si, moins timide, son œil ose interroger le regard de celui dont les paroles la torturent si doucement, l'amour viendra bientôt, pour l'éclairer, se mettre de la partie.

Mais que de précautions minutieuses, quelle prudence extrême, sont nécessaires à celui qui veut plaire à l'innocente jeune fille! Les émotions naissent si faciles, si nombreuses dans un cœur novice ! L'homme qui cherche là le bonheur doit se garder de les hâter, de les rendre trop vives. Le germe de la tendresse doit se développer lentement, et c'est un faux calcul que d'anticiper sur le moment où il doit éclore : près d'une jeune fille, l'homme même de vingt ans doit être précepteur, plutôt qu'amant, et laisser à la nature, à l'imagination le soin d'expliquer ses regards, de commenter ses vagues discours.

L'éducation que l'on donne par le temps qui court aux jeunes filles les prédispose à recevoir toutes les impressions de l'amour; sous un vain prétexte de décence, on ne leur apprend rien qui puisse les guider dans des circonstances qui s'offrent à elles dès leur premier pas dans le monde; on fait plus, on leur nie ces circonstances et l'on ajoute ainsi à leur force. Espère-t-on donc qu'une fille de seize ans ignore l'existence de l'amour? la plus indifférente circonstance ne lui en révèle-t-elle pas le pouvoir? Avec une éducation forte, élevée, les femmes seraient exposées à moins de fautes et d'erreurs; le charme naturel de leur esprit prendrait plus de solidité, sans rien perdre de son brillant, et les rapports sociaux deviendraient plus sûrs et plus agréables. Depuis un siècle on réclame contre l'éducation actuelle des femmes; mais une puissance suprême s'oppose à toute amélioration : c'est la puissance des sots, des ignorans surtout. Ces messieurs sont naturellement ennemis de l'éducation des femmes. Maintenant encore, en effet, ils passent le temps avec elles et en sont même assez bien traités. Que deviendraient-ils si les femmes s'avisaient d'apprendre quelque chose? ils seraient ruinés de fond en comble.

Le pire de l'éducation actuelle, c'est qu'on n'apprend rien aux jeunes filles qu'elles ne doivent oublier bien vite aussitôt qu'elles sont mariées; avec leurs maîtres de harpe, d'aquarelle et de chant, elles arrivent bien rarement à la médiocrité, et de là le proverbe si vrai: « Qui dit amateur, dit ignorant. »

Ce qui est fait pour étonner, c'est qu'un mari qui a épousé une belle demoiselle élevée dans un pensionnat, envoie plus tard, à son tour, ses filles dans un pensionnat pour recevoir cette même plate éducation qui a dérangé toute l'utopie de sa vie. Ignore-t-il donc, par exemple, que le plus commun des hommes, s'il a vingt ans et des joues couleur de rose, est dangereux pour une femme qui ne sait rien (car elle est toute à l'instinct), tandis que le même homme, aux yeux d'une femme d'esprit, fera juste autant d'effet qu'un beau laquais? Ignore-t-il aussi que les intérêts domestiques, le bonheur de la famille, reposent sur les idées inculquées dès la jeunesse?

Dans les deux sexes, c'est de la manière dont on a employé la jeunesse que dépend le sort de l'extrême vieillesse : cela est vrai de meilleure heure pour les femmes. Comment une femme de quarante-cinq ans est-elle reçue dans le monde? d'une manière sévère ou plutôt inférieure à son mérite : on les flatte à vingt ans, on les abandonne à quarante.

Une femme de quarante-cinq ans n'a d'importance que par ses enfans ou par son amant.

Une mère excelle dans les beaux-arts : elle ne peut communiquer son talent à son fils que dans le cas extrêmement rare où ce fils a reçu de la nature précisément l'ame de ce talent. Une mère qui a l'esprit cultivé donnera à son jeune fils une idée, non seulement de tous les talens purement agréables, mais encore de tous les talens utiles à l'homme en société, et il pourra choisir. Les jeunes gens nés à Paris doivent à leurs mères l'incontestable supériorité qu'ils ont à seize ans sur les jeunes provinciaux de leur âge.

D'après le système actuel de l'éducation des jeunes filles, tous les génies qui naissent femmes sont perdus pour le public.

Quel est l'homme, dans l'amour ou dans le mariage, qui ait le bonheur de communiquer ses pensées, telles qu'elles se présentent à lui, à la femme avec laquelle il passe sa vie? Il trouve un bon cœur qui partage ses peines, mais toujours il est obligé de mettre ses pensées en petite monnaie s'il veut être entendu, et il serait ridicule d'attendre des conseils raisonnables d'un esprit qui a besoin d'un tel régime pour saisir les objets. La femme la plus parfaite, suivant les idées de l'éducation actuelle, laisse son partner isolé dans les dangers de la vie, heureux lorsqu'elle ne finit pas par l'accabler d'ennui.

Quel excellent conseiller un homme ne trouverait-il pas dans sa femme, si elle savait penser! un conseiller dont, après tout, hors un seul objet qui ne dure que le matin de la vie, les intérêts sont exactement identiques avec les siens.

Une des plus belles prérogatives de l'esprit, c'est qu'il donne de la considération à la vieillesse. L'arrivée de Voltaire à Paris fait pâlir la majesté royale. Mais quant aux pauvres femmes, dès qu'elles n'ont plus le brillant de la jeunesse, leur unique et triste bonheur est de pouvoir se faire illusion sur le rôle qu'elles jouent dans le monde. Les débris des talens de la jeunesse ne sont plus qu'un ridicule, et ce serait un bonheur pour nos femmes actuelles de mourir à cinquante ans *.

Mais me voilà bien loin de Jean-Jacques, dont je voulais à toute force faire un précepteur d'amour. Sur les pas d'un non moins bon modèle, je me suis laissé entraîner à un sujet non moins intéressant, et force m'est de revenir sur mes pas.

C'est un art difficile que de plaire à une veuve. Habile à profiter de ses avantages, elle se tient toujours sur un *qui vive* que justifie sa hasardeuse position; placée au milieu d'ennemis cruels et char-

* M. de Stendhald.

***

mans, une veuve a toujours un grand empire sur elle-même et sur les autres; son expérience la sert bien mieux que ne pourrait faire l'innocente ignorance; et cette remarque vient encore à l'appui de notre opinion.

Au reste, il n'existe pas de femme capable de résister toujours aux occasions, à la persévérance, aux séductions de l'esprit et de la tendresse. Montaigne dit avec grande raison : « Oh! le furieux advantage que l'opportunité! » C'est, en effet, le meilleur allié de l'amour. Jeune ou vieille, belle ou laide, toute femme est charmée qu'on lui adresse de délicats hommages ; si l'orgueilleuse résiste quelquefois plus long-temps qu'une chaste, elle est encore flattée dans sa vanité ; elle ne se courrouce pas toujours si on lui désobéit par un excès d'amour ; ce sentiment se justifie de lui-même ; et, pardonné une fois, l'amant peut tout oser : les femmes s'attachent par les faveurs.

THÉORIES PHYSIOGNOMONIQUES.

« On nie la physionomie, et, en dépit de soi, on se trouve porté à croire qu'il y a quelque mérite sous un joli visage. »
(BOISTE, Dict.)

« Toi dont le cœur est fait pour la tendresse,
Connais tout l'art du choix d'une maîtresse :
Il veut des soins ingénieux, constans;
Cherche, étudie et les lieux et les temps,
Compare, oppose, et voit d'un œil austère
L'âge, les goûts, l'ame, le caractère.... »
(BERNARD.)

C'est une déplaisante chose que les grands mots, et il faut en vérité compter un peu sur l'indulgence des lecteurs pour oser leur parler *physionomie* et *sympathie*; et cependant il n'est aucun de ceux à qui ce petit ouvrage puisse tomber dans les mains, qui ne se livre chaque jour, même à son insu, à des observations du genre de celles que nous consignons ici. La jeune personne que l'on voit à la promenade, que l'on admire de prime-abord, dont on remarque la tournure et la grace, n'attire-t-elle pas par un charme sympathique? Et si, plus tard, on se retrouve au spectacle placé près d'elle, l'attention que l'on met à chercher son regard, à observer son geste, à écouter sa voix, à étudier son sourire, cette attention mélangée d'espérance et de curiosité, n'est-elle pas elle-même une étude physiognomonique?

Du moment où les hommes ont commencé de vivre en société réglée; aussitôt que, dans le choix d'une compagne, la douceur et le calcul ont chez eux remplacé la violence, un besoin nouveau a dû se faire sentir à leur esprit: c'était celui de connaître et d'apprécier les femmes, de deviner leur âge, leur caractère, leurs goûts, leurs qualités, leurs passions, leurs faiblesses; de savoir enfin si une conformité d'idées, d'habitudes et de mœurs pouvait assurer le bonheur d'une union durable.

Pour y parvenir, il leur a fallu d'abord étudier avec soin l'ensemble de la tournure et des traits, puis épier ensuite certains momens d'abandon, l'effet des impressions imprévues, quelques gestes et les mouvemens imprévus des affections diverses qui se retracent si vivement sur le visage de la femme, miroir mobile et fidèle de son ame. De là est née sans doute cette science, conjecturale d'abord, devenue certaine depuis, à l'aide de laquelle l'homme, initié en quelque sorte au mécanisme des passions, parvient à les combattre, à les démasquer, et souvent même les fait tourner à son avantage.

Notre but ici n'est pas de faire un traité de science aride ou de sévère morale : nous tracerons seulement quelques indications utiles et d'une application de tous les instans, en réunissant la plus grande partie des inductions à l'aide desquelles on peut se familiariser avec l'art si difficile de connaître les femmes. L'application et l'expérience modifieront sans doute pour chaque lecteur quelques unes de nos opinions : mais y a-t-il rien de général ? Les graves professeurs disent que les règles se confirment par l'exception.

On tire des inductions physiognomoniques presque certaines des femmes d'après leur tournure, leur mise, les couleurs qu'elles préfèrent, leur marche, leurs mouvemens, les traits de leur visage, la texture des chairs, la voix, les gestes, les goûts dominans, d'après l'ensemble et enfin l'aspect de leur personne.

Les signes d'une seule partie du corps pris isolément n'ont beaucoup d'importance qu'autant qu'ils sont en convenance avec ceux des autres parties ; en effet, tout le corps humain est un, et chaque symétrie a sa propre nature et ses dispositions particulières ; on est frappé du rapport constant entre les divers membres, et la conformation d'un seul peut faire préjuger à coup sûr de celle de plusieurs autres.

Les divers organes doubles chez la femme, correspondent entre eux d'une manière frappante et exacte : ainsi, un joli pied dénote inévitablement une main petite et délicate ; une jambe bien faite est un indice presque certain d'un joli bras, elle indique même l'élégance et l'harmonie de toutes les parties du corps. Quant aux organes intermédiaires et uniques, tels que le nez, la bouche, etc., il existe entre eux des relations sympathiques dont l'expérience démontre la justesse et dont les révélations piquantes ne sont pas un des moindres attraits de la science physiognomonique.

Le plus précieux avantage dont la femme puisse être favorisée, celui qui agit le plus puissamment sur l'imagination de l'homme, c'est la grace : elle l'emporte même sur la beauté. Une femme qui n'est que belle et bien faite excite l'admiration : le sentiment qu'inspire une gracieuse élégance a bien plus de vivacité et de douceur. Parmi les inductions physiognomoniques à l'étude desquelles il est bon de se livrer, nous placerons donc au premier rang *la tournure*.

DE LA TOURNURE, DES MOUVEMENS DU CORPS, ET DE LA MARCHE.

La tournure et les divers mouvemens du corps chez les femmes, lorsqu'elles marchent, présentent des signalemens certains pour la double connaissance du physique et du moral.

Les jeunes femmes qui se courbent habituellement en marchant, et dont les mouvemens sont contraints et ramassés, unissent à un caractère dissimulé un fond d'égoïsme; celles, au contraire, qui marchent franchement, dont les mouvemens sont larges et faciles, sont naturelles, généreuses et sincères.

La femme modeste marche les yeux baissés; la femme à forte passion a le pas délibéré, la tête haute. Les caractères tracassiers *trottent-menu*; une marche nonchalante, des mouvemens alourdis révèlent un caractère trompeur, un tempéramment paresseux.

Des mouvemens brusques et fréquens sont le signe d'un caractère inconstant, inquiet et soupçonneux; la constance, la bonne foi, la discrétion, se trahissent par des mouvemens réguliers et posés, sans nonchalance. En général, une marche prompte et des mouvemens vifs annoncent chez une femme des passions fougueuses, de l'emportement dans l'esprit. Les naturels modérés ont des mouvemens réfléchis et pleins d'accord.

DE LA MISE ET DU CHOIX DES COULEURS.

On reconnaît encore au choix des vêtemens certaines parties du caractère chez les femmes. Les jeunes personnes, il est vrai, préfèrent le blanc et les nuances claires, tandis que les femmes d'un âge mûr choisissent des teintes foncées : rien de plus naturel, la jeunesse, au caractère gai, vif, sémillant, aime tout ce qui est brillant comme son humeur, tandis que la froide vieillesse recherche les nuances sombres et semble porter le deuil de l'énergie et du plaisir qui l'ont fuie ; mais d'autres raisons déterminent la coupe des vêtemens, la manière de les porter, et ces raisons, on les trouve dans la tournure de l'esprit et dans la nature du caractère.

Ainsi, les femmes du Midi, plus actives que celles du Nord, aiment les vêtemens étroits et courts. Celles des départemens de l'Ouest, plus graves, plus réfléchies, portent des vêtemens amples et longs; celles de l'Est, qui pour la plupart mènent un genre de vie inactif et sédentaire, ont un costume très long et d'une coupe toute particulière. Cette différence notable de l'habillement des femmes dans les diverses parties de la France prend nécessairement sa source dans la diversité des caractères et des mœurs. En appliquant cette observation avec discernement, on doit tirer des inductions précises, et quoique la variété des costumes dans chaque ville soit bien légère, elle se trouve encore assez sensible pour révéler quelque qualité, quelque travers. Parmi vingt femmes on n'en voit jamais deux mises exactement de la même manière, et lorsqu'on veut étudier un caractère aussi léger que celui de la femme, il importe de ne rien négliger. La couleur d'une écharpe, la forme d'une colerette, la manière de draper un châle, tout doit préoccuper et fournir matière à observation dans la personne que l'on veut deviner avant de chercher à lui plaire.

DU RANG ET DE LA FORTUNE.

A voir passer une pension de jeunes demoiselles, l'observateur doit deviner le rang et la fortune de la famille à laquelle chaque jeune fille appartient. Il y a dans la marche, dans le regard, dans la manière quelque chose qui trahit la position sociale, indépendamment de la mise et de la beauté.

Dès la plus tendre enfance, la vanité et la richesse contractent une habitude de raideur, de protection qui demeure indélébile ; la modeste aisance, l'honorable médiocrité, impriment un cachet de bienveillance, une allure d'honnêteté; la pauvreté, en rétrécissant les idées et les sensations, donne une timidité, une réserve méticuleuse, que ne peuvent effacer ni l'éducation ni le changement de situation. Il suffit d'une bien légère dose d'observation pour distinguer à la tournure la fille du banquier de celle du duc et pair, la femme du commis de celle de l'artiste.

DE LA VOIX.

Une voix haute et grave dénote une certaine ardeur amoureuse; une voix grêle et aiguë indique la froideur et l'égoïsme; une voix faible et criarde annonce une humeur irascible; une voix molle caractérise un naturel doux et sensible; la voix nasillarde, une mauvaise constitution; enfin la voix cassée témoigne chez les femmes qu'elles sont privées de la plus belle de leurs prérogatives, celle de devenir mères.

Un langage naturellement humble et tremblant, ou le parler arrogant et haut, sont des signes également caractéristiques.

Une parole prompte, mais bégayante, est le propre des esprits étourdis, précipités; l'excessive lenteur dans l'articulation des mots est une conséquence de la pesanteur de l'esprit.

Une élocution simple annonce chez une femme la pureté de caractère; celles qui grasseient sont ordinairement composées et mignardes; celles qui prononcent fortement les sons âpres et gutturaux sont égoïstes et intéressées.

On a dit avec esprit : « Parle afin que je te connaisse, » et Plutarque trouvait plus d'indications du caractère moral dans quelques mots lâchés sans réflexion, que dans les traits de la physionomie. Ces signes sont en effet rarement trompeurs, et l'on doit d'ailleurs remarquer que le sens des paroles d'une femme se trouve presque toujours en rapport avec la voix dont elle les prononce.

DU CHANT.

Rien n'indique mieux la disposition intérieure de la femme et son plus ou moins de penchant à la sensibilité que le genre de chant et le rhythme musical auxquels elle elle accorde la préférence. Ainsi, celles qui aiment les airs simples et graves annoncent un esprit réfléchi et ont dans l'imagination quelque chose de fin et d'élevé.

Les airs compliqués, chromatiques, à rhythme vif et bigarré, décèlent, dans la femme qui les chante de préférence un naturel ardent, inconséquent, étourdi. Quelque grave censeur citera peut-être à l'appui de cette observation la préférence que les grandes dames du noble faubourg accordent à l'Académie Royale-de-Musique, et l'ardeur dont les élégantes de la Chaussée-d'Antin et du quartier de la Bourse suivent les représentations des Bouffes. Les premières, en effet, admirent Gluck, vénèrent Sacchini; les autres raffolent de Rossini et de Weber.

Les femmes qui mettent le mode harmonique au-dessus de la mélodie annoncent moins de sensibilité que celles qui préfèrent cette dernière; au reste, il existe mille nuances révélatrices dans la manière dont plusieurs femmes disent le même air : chacune l'embellit et et l'empreint de ses sensations et de ses sentimens.

La respiration, cette partie si importante de l'art du chant, mérite aussi l'attention sérieuse de l'observateur. On juge à une respiration faible, lente ou rare qu'une femme est délicate, timide ou froide; au contraire, une respiration pleine, prompte, sonore est le signe d'un tempérament sain et robuste.

DES GOUTS DIVERS.

Dans leurs affections, dans leurs préférences, dans leurs inimitiés, les femmes décèlent également leur caractère et leur naturel. Les cœurs simples aiment les enfans, tandis que les esprits sérieux se plaisent avec les vieillards.

L'esprit léger, la délicatesse de sentiment, se montrent dans le goût de la peinture et des fleurs.

Un vif amour pour de brillans spectacles, pour les ornemens de luxe, les décorations futiles, appartient à un naturel vain et entiché de préjugés.

Un esprit mâle s'annoncera dès l'enfance en préférant des jeux et des occupations propres à développer la force et les passions; un esprit faible ne fera jamais que des poupées.

De même que le diagnostic d'une complexion vigoureuse est d'aimer les alimens âpres, secs et grossiers, la recherche des friandises est l'indice d'un caractère tendre et d'une santé délicate. La femme qui préfère une nourriture succulente doit avoir l'esprit lourd ; celle qui sera sensible et apte aux travaux de l'esprit recherchera les alimens maigres et végétaux.

Le goût pour des substances épicées, piquantes, pour les liqueurs spiritueuses, dénote un tempérament vif et violent ; les alimens farineux, les boissons douces, sont préférés des caractères lents et des passions tendres.

L'usage des odeurs suaves annonce chez les femmes un penchant prononcé vers la volupté.

On a remarqué chez les femmes dont le goût est prononcé pour les liqueurs spiritueuses et les vins pétillans une grande franchise, de la générosité, une sorte de témérité; l'extrême sobriété, au contraire, est souvent le partage d'un caractère dissimulé et craintif. Les femmes qui, dans les grandes villes, à Paris surtout, ne font en général usage que d'eau pour boisson, fournissent rarement l'occasion de quelque remarque de ce genre. Heureux toutefois celui qui peut les surprendre et les juger dans ces momens où l'abandon fait percer le naturel et le dégage de feinte et d'apprêts.

DU STYLE.

Buffon a dit avec esprit et justesse, « Le style est l'homme même. » On peut, en effet, se former une idée de ce qu'étaient nos grands écrivains en lisant leurs pages immortelles. Pascal, mélancolique, spirituel et profond, se peint dans ses écrits ; à lire Fénélon, on devine son ame douce, sa figure noble et bienveillante ; l'héroïsme de

* Quintilien, avant lui, exprime ainsi la même idée : « César écrivait du même style dont il combattait. »

caractère, la sûreté du maintien, sont empreints dans P. Corneille et dans Bossuet; en lisant la correspondance de Voltaire on voit à nu son caractère, on saisit sa physionomie.

On lit quelque part : « Une femme qui écrit une lettre envoie son portrait. » Cela serait vrai si les femmes écrivaient toujours sans prétention; mais la plupart s'étudient à mettre l'esprit à la place du naturel : le sentiment ou l'abandon suffirait. Il faut être quelque peu observateur pour reconnaître, au milieu des lieux communs des finesses, des exagérations d'une lettre de femme, l'endroit où elle se trahit et dévoile son caractère avec sa pensée.

DES MŒURS ET DES OCCUPATIONS FAMILIÈRES.

C'est surtout dans les actions ordinaires, dans les actions quotidiens de la vie que le naturel des femmes se décèle : alors, en effet, elles n'ont pas le loisir de s'apprêter, de se contrefaire ; observées à l'improviste, elles se montrent vraies et telles qu'on voudrait toujours les voir. La liberté d'un repas, quelque occupation de la vie domestique, un élan subit d'obligeance ou de secours, témoignent les goûts dominans; chaque soin, chaque geste alors fait reconnaître une capacité.

La femme d'une humeur solitaire devient à la longue orgueilleuse ou chagrine : elle se plaira dans les exercices de dévotion; celle, au contraire, qui, fort jeune, aime déjà le monde, aimera plus tard la dissipation.

Les mœurs, chez les femmes, déterminent trop rarement le choix des études; leur éducation est soumise à trop de concessions, à trop de convenances; mais, dès leur entrée dans le monde, les goûts, les penchans qui ont été comprimés se développent. A ce moment, l'amour des lettres et des beaux-arts annonce un esprit juste, noble et élevé; celles qui préfèrent dans la musique l'harmonie à la mélodie; dans la peinture, le coloris à la composition; dans la poésie, le style au sujet, suivent plus l'impression de leurs sens que celle de leur ame. Elles sont pour l'ordinaire vives, dissipées et inconstantes; elles ont plus d'imagination que de jugement, plus d'esprit que d'instruction, car les femmes dont les goûts sont diamétralement opposés sont tendres, rangées, studieuses, naturellement réfléchies et concentrées en elles-mêmes.

Celui qui n'a pas vu une jeune fille au milieu de sa famille ne peut porter sur elle un jugement assuré ; là seulement le naturel éclate sans contrainte, les goûts et les penchans se montrent à découvert.

DU VISAGE ET DE SES DIVERS TRAITS

La beauté du visage n'est pas chez les femmes tout-à-fait de convention, ainsi qu'on le pense trop communément. Voltaire a dit : « Interrogez un crapaud sur le beau, il vous répondra que c'est sa crapaude avec ses gros yeux et sa peau gluante. » Le nègre doit faire son type de beauté noir comme lui sans doute; mais n'y a-t-il pas un état positif de perfection, de régularité, d'harmonie, d'organisation dans chaque espèce? Chacune n'a-t-elle pas sa beauté propre, indépendante de nos préférences et de nos préventions? La figure de la femme est le miroir des affections de son ame, il y a long-temps qu'on l'a remarqué; mais on n'a jamais assez insisté sur cette observation, que chacune des parties du visage donne plus directement l'indication d'un genre particulier d'affection.

Il serait utile de classer ces traits si révélateurs en trois régions, savoir :

1° Les yeux et le front.

Ayant des rapports plus intimes avec le cerveau, ils expriment principalement les sentimens de l'ame, de l'esprit et de la pensée.

2° Les joues et le nez.

Ils rendent les passions physiques et les émotions mimiques de la douleur et de la volupté.

3° La bouche et le menton.

Ils correspondent spécialement aux affections les plus secrètes, trahissent la pensée la plus déliée, le plus vague désir.

C'est par les yeux, ces lumières de l'ame, d'où jaillit l'éclair de la pensée, que brillent l'intelligence et le feu du génie. C'est dans l'expression des regards que se font lire les sentimens, que se peignent les volontés, que se manifestent les sensations. Le plaisir fait pétiller les yeux, le dépit les allume, la tristesse les abat, l'étonnement les fixe, la crainte les agite, le respect les abaisse, la tendresse les adoucit, la curiosité les ouvre, le courroux les enflamme et l'ennui les appesantit. Chez les femmes surtout, les sourcils ajoutent beaucoup à l'expression du caractère; on peut dire que la tristesse, la jalousie et le dépit les habitent. Les rides du front, heureusement si rares chez les femmes, marquent les agitations auxquelles leur cœur est en proie.

Ce qu'on appelle ordinairement physionomie spirituelle ou sotte se peint de préférence dans le haut du visage, les yeux, les sourcils et le front.

Les douleurs du corps et les sensations physiques se peignent également, quoique d'une manière bien diverse, par les mouvemens nerveux des joues et des coins de la bouche.

Enfin, le coloris de la physionomie, la rougeur de la honte, l'animation du désir, la pâleur de la crainte; le jeu des muscles gonflés dans la colère, relâchés dans l'abattement, suspendus dans l'étonnement, renversés dans le désespoir; le mouvement de la tête, penchée dans l'amour, tombante dans la tristesse, tendue dans le désir, élevée dans l'indignation : tout concourt, même par les traits les plus fugitifs, à peindre au vif les affections de la femme.

Ainsi, une impression fréquente se change chez elles en une sorte de nature, et les femmes qui sont souvent affectées par une passion vive contractent dans leur tournure et leur physionomie certains traits indicatifs de cette passion. Enclines qu'elles sont à quelque action vertueuse ou vicieuse, elles en saisissent l'air sans y penser, et cet air, en se modifiant dans toute leur personne, lui imprime un caractère particulier. Pour reconnaître cette sorte d'indice, il faut examiner les passions qui, le plus généralement, agitent le cœur d'une femme, ainsi que la manière dont ces passions agissent extérieurement sur elle.

Dans la joie ou le plaisir, le visage s'épanouit, la poitrine se développe, s'élargit en quelque sorte, toutes les sensations sont portées à l'extérieur.

Dans la tristesse ou le chagrin, tous les membres se retirent, le visage se renfrogne et la poitrine semble se rétrécir.

Dans la colère ou même le mécontentement, l'ame s'échauffe, les membres se raidissent, le sang bouillonne.

Dans la terreur ou la crainte, les membres semblent affaissés, le cœur manque et se glace, les traits se décomposent entièrement.

Toutes les autres passions, chez les femmes, ne sont en quelque sorte que des modifications ou des nuances de ces quatre primitives : l'amour et l'aversion, n'étant, en effet, que des affections purement relatives aux individus, ne peuvent être continuelles et sont inhérentes à celles-ci.

Ainsi, chez les femmes, tout décèle le caractère, même les choses en soi les plus indifférentes. Madame de Staël a dit : « Une sotte » ne prend pas son éventail et ne » se tient pas debout comme une » femme spirituelle. » De là naissent les préférences involontaires, les sympathies imprévues.

La réflexion profonde, la constance, l'inspiration, se manifestent chez les femmes dans un regard fixe, arrêté et d'une assurance modeste. Au contraire, des regards vides, mobiles, douteux, appartiennent à un esprit irréfléchi; de petits yeux enfoncés annoncent souvent une nature envieuse et maligne; de gros yeux saillans et gris, un esprit simple et vulgaire; un œil noir, vif et animé indique un tempérament ardent et irascible; des yeux bleus ou verts, au regard languissant, décèlent une ame tendre, douce et craintive.

Ce sont donc les yeux qu'il faut étudier surtout dans la physionomie des femmes, pour pénétrer leurs plus intimes pensées. Il est rare qu'une femme coupable soutienne hardiment un mensonge sous les regards d'un juge observateur et physionomiste. L'abbé de Mancy assure que « les Chinois ne s'enquièrent pas autrement de la fidélité de leurs femmes ; l'épouse qui soutient avec assurance le regard du mari irrité triomphe du soupçon et recouvre sa tendresse. » Une telle épreuve serait peut-être moins décisive dans un pays encore plus civilisé que la Chine. Faut-il s'en plaindre, doit-on s'en applaudir ? nous laissons aux maris à décider la question.

De ce petit traité, où nous avons rassemblé les principales observations physiognomoniques consignées dans une foule d'épais in-quarto, le lecteur retirera sans doute quelque fruit. Avant de s'aventurer à être aimable ou même galant près d'une femme, il l'étudiera et raisonnera son attaque d'après une théorie basée sur l'expérience et que le résultat démentira bien rarement. L'art physiognomonique est assurément une des principales branches accessoires du grand art de plaire; mais, en lui accordant la confiance qu'il mérite, il ne faut pas non plus se trop fier à son secours. C'est de l'ensemble des moyens que résulte seulement le succès. En comparant l'art de conter fleurette à un jeu d'enfant, on pourrait dire que la physiognomonie *donne barre* sur le beau sexe, mais il s'agit ensuite de bien courir pour l'attraper.

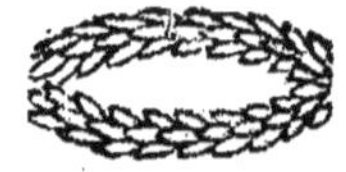

APOLOGIE

De la Coquetterie.

Mademoiselle de Scudéri, dans ses *Conversations morales*, après avoir ingénieusement défini la coquetterie un déréglement de l'esprit, fait venir le mot coquette de l'italien *civetta*, chouette: elle prétend que la chouette attire la nuit quantité de petits oiseaux autour d'elle, et que, par allusion, on a appelé de son nom les femmes qui s'attiraient des adorateurs.

Ménage, en s'appuyant de Pasquier, trouve l'origine de coquette dans le mot *coq*, et dit qu'on donna le nom de coquet et coquette aux hommes et aux femmes qui eurent la prétention de plaire à plusieurs, comme les coqs lorsqu'ils font l'amour à leurs poulettes.

Les Anciens n'ont point connu la coquetterie, sans doute parce que les deux sexes étaient trop isolés chez eux, où on ne se réunissait guère qu'en famille : dans les fêtes publiques, en effet, dans les cérémonies religieuses, les hommes et les femmes étaient presque toujours séparés. On ne connaissait point alors ce que nous appelons la société, ces réunions où le désir de paraître aimable porte chacun à faire valoir les agrémens de sa personne, les grâces de son esprit, le charme de ses talens, les avantages de son rang ou de sa fortune. On chercherait en vain dans leurs écrits quelque indice du caractère de la coquetterie : les poètes n'ont peint que des femmes vertueuses et fidèles, des femmes adultères et déréglées, et des courtisanes.

Jusqu'au seizième siècle, les peuples modernes ressemblèrent sous ce rapport aux anciens, et ne laissèrent apercevoir dans leurs mœurs aucune trace de coquetterie.

Ce fut sous Catherine de Médicis

seulement que la coquetterie prit naissance : c'était un caractère nouveau.

Le cercle que cette princesse établit à la cour inspira à la noblesse et à la bourgeoisie le désir d'en former de semblables : ce fut en quelque sorte une révélation que l'on pouvait trouver des agrémens et des plaisirs hors des réunions dont l'amitié ou la parenté était l'ame. On reçut dès-lors chez soi une personne pour son esprit, une autre pour sa fortune, une troisième par déférence pour son rang ; on consentit bien encore à en voir quelques unes à cause de leurs qualités ou de leurs vertus ; mais le but, en se formant une société, étant de se divertir, d'augmenter en quelque sorte la somme de plaisirs, dont chaque maître de maison veut la plus grosse part, la frivolité présida au choix de ceux qu'on y admit sans amitié, sans lien de parenté, sans amour. Les deux sexes ainsi réunis n'auraient eu qu'une conversation froide et insignifiante si le penchant naturel qui les harmonise l'un à l'autre n'eût également agi sur les cœurs : il porta les hommes à ne pas voir avec indifférence des femmes dont la bienveillance se colorait pour eux des dehors de l'amitié; obligés à moins de retenue qu'elles, ils crurent devoir donner à leur politesse toute l'apparence de l'amour. Le langage des femmes, quoique réservé, fut aimable et piquant, parce que la grace dont la nature les a douées perce toujours, même à leur insu, dans leurs discours comme dans leurs actions; celui des hommes fut vif, spirituel, parce que, ne pouvant dissimuler qu'ils connaissaient l'amour, ils se seraient voués au ridicule en feignant la naïveté, pardonnable à peine à l'ignorance. Cependant les femmes reconnurent qu'il y avait plus de flatterie que de sentiment dans les hommages qu'on leur rendait; elles sentirent le danger de se montrer sensibles à des adulations intéressées; mais ces adulations leur plaisaient trop pour que leurs belles résolutions de résistance pussent être de longue durée: alors l'esprit, toujours fidèle à les servir, l'esprit, inné chez elles avec la malice, vint à leur secours et leur offrit le plus puissant auxiliaire, la coquetterie.

Par imitation de la cour, toutes les femmes devinrent bientôt coquettes. Brantôme nous apprend dans le *Panégyrique de Catherine de Médicis*, que cette reine avait à sa suite trois cents filles ou dames d'honneur, dont la douce occupation était de séduire et de fixer près de leur souveraine les seigneurs étrangers et nationaux. Suivant lui, habiles et gracieuses comme les nymphes d'Armide, elles réussissaient si bien dans leurs décevantes entreprises, que l'on disait de la cour de France : « C'est le paradis de la terre. » Quelques auteurs ont prétendu que la politique Catherine avait tiré parti de cette brillante et nouvelle sorte de garde-du corps ; si l'on en croit leurs accusations, les dames de la cour lui révélaient les secrets des captifs qu'elle tenaient dans leurs fers : la chose est possible, mais, certes, la faute en est plus à l'insidieuse princesse qu'à la complaisante coquetterie de ses aimables agens diplomatiques.

Quoi qu'il en soit, nulle cour ne s'était, d'après les chroniqueurs, montrée aussi brillante, aussi aimable que celle de Henri II; la cour de Charlemagne même lui fut, disent-ils, inférieure : « Car cet » empereur-roi ne donnait à ses » dames que deux ou trois tour- » nois par an; et, après chaque » tournoi, comtes, chevaliers, pa- » ladins retournaient dans leurs

» châteaux, Charles n'ayant pas
» près de lui, comme Catherine,
» un cercle où la beauté, l'esprit
» et les graces fussent en rivalité
» pour dompter les courages et
» soumettre les cœurs. »

Nous allons peut-être bien étonner les femmes en leur disant qu'il leur est plus facile de demeurer fidèles que coquettes; leur surprise cessera quand nous expliquerons ce que l'on doit entendre par la coquetterie dans l'acception véritable du mot.

La coquetterie est le triomphe perpétuel de l'esprit sur les sens: une coquette doit inspirer de l'amour sans jamais l'éprouver; il faut qu'elle mette autant de soin à repousser loin d'elle ce sentiment qu'à le faire naître chez les autres; elle contracte l'obligation d'éviter jusqu'aux apparences d'aimer, de crainte que celui de ses adorateurs qui passerait pour préféré ne fût regardé comme plus heureux par ses rivaux; son art consiste à leur laisser continuellement concevoir de l'espérance, sans leur en donner; une coquette, enfin, ne peut avoir que des caprices d'esprit. Or, nous le demandons aux dames, est-ce donc chose si facile que de soumettre les besoins du cœur aux jouissances de l'esprit?

Un mari, s'il est répandu dans le monde, doit désirer que sa femme soit coquette; ce caractère assure sa félicité; mais il faut, avant tout, que ce mari ait assez de philosophie pour accorder à sa femme une confiance illimitée. Un jaloux ne peut croire que sa femme reste insensible aux efforts constans que l'on tente pour toucher son cœur; il ne voit dans les sentimens qu'on lui porte qu'un larcin fait à sa tendresse pour elle. De là beaucoup de femmes qui n'auraient été que coquettes, par l'impossibilité de l'être, deviennent infidèles; car les femmes aiment les hommages, les flatteries, les petits soins : le monde n'attache pas un assez grand prix aux sacrifices qu'elles peuvent faire à leur vertu pour qu'elles ne satisfassent pas ce goût de leur vanité.

A ceux qui crieraient au paradoxe et qui nieraient que la coquetterie fût réellement une qualité de l'esprit imposant la chasteté aux sens, nous citerons La Bruyère : « Une femme, dit-il, qui a un galant se croit coquette ; celle qui en a deux ne se croit que coquette. »

Abusons-nous moins du nom de coquette qu'on ne faisait du temps de La Bruyère? Nous appelons coquette une jeune personne, une femme qui aime la toilette pour s'embellir seulement aux yeux d'un mari, d'un amant.

Nous appelons encore coquette une femme qui est soumise à la mode, sans remarquer que souvent chez elle il n'y a aucune intention de plaire, qu'elle obéit uniquement aux exigences de son rang et de sa fortuue.

Enfin, nous appelons coquettes des femmes qui passent d'un attachement à un autre; et, par un même abus de ce mot, on entend dire tous les jours que Ninon était la reine des coquettes par des personnes qui ont ri du billet à La Châtre. Boileau prétend que, de son vivant, Paris ne comptait que trois femmes fidèles : le trait du satirique n'est ni de bon goût ni de bon sens ; il eût pu dire, avec plus de raison, qu'on n'y pouvait citer trois femmes véritablement coquettes. Le dictionnaire devrait substituer galanterie et galant à coquet et coquetterie.

Mais si la véritable, l'innocente coquetterie devient chaque jour plus rare, la faute n'en est-elle pas aux hommes ? Préférant aujourd'hui les sensations aux sentimens, ils se lasseraient bientôt d'une coquette qui ressemblerait à celles de Médicis ou à la Clarisse de mademoiselle de Scudéry; on comprend à peine aujourd'hui, au théâtre, ces rôles de coquettes que les auteurs comiques ont peints cependant d'après nature : ce caractère n'est plus maintenant qu'une idéalité. Excusons, toutefois, les femmes : il est naturel que, convaincues de l'impossibilité de se faire un cercle de *chevaliers de l'espérance,* elles aient dédaigné un caractère qui ne leur pouvait réussir.

Combien nous devons regretter

la coquetterie ! si elle venait à s'emparer des femmes, quel changement précieux dans nos mœurs ! Nos petits-maîtres, que la facilité des succès rend suffisans au point de négliger d'être aimables, s'étudieraient alors à le devenir ; le ton, les manières, les discours acquerraient un charme qu'ils ont à peu près perdu ; on verrait revenir ces brillantes réunions dont le désir mutuel de plaire faisait le charme et l'essence ; on reverrait cette fleur de politesse, ce doux mensonge qui imite l'amour et la constance, dans la crainte de l'insuccès ; peut-être se trouverait-il de ces coquettes qui brillèrent sous Louis XIII et son successeur, de ces femmes qui ne se bornaient pas à s'efforcer de plaire et de se faire aimer par les agrémens de leur personne et de leur esprit, mais qui avaient encore l'ambition d'inspirer à leurs adorateurs des sentimeus élevés : les hommes alors écouteraient encore la raison en croyant ne prêter l'oreille qu'à l'amour.

Eh quoi! va-t-on me dire, d'un vice, ou tout au moins d'un défaut, voulez-vous faire une vertu? Je répondrai que, dans l'impossibilité d'être parfaits, nous devons tâcher d'être aimables; si l'on peut concilier l'esprit de société avec la fidélité en amour, il vaut mieux combattre les progrès de l'inconstance avec la coquetterie, que de la laisser dégénérer en galanterie.

La coquetterie arrête le temps pour les femmes, prolonge leur jeunesse et rend durable la saison des hommages : c'est un juste calcul de l'esprit.

La galanterie, au contraire, précipite la marche des ans, diminue le prix des faveurs et hâte le jour où elles sont dédaignées. Résumons-nous donc en exprimant ce vœu du plus profond de notre cœur : Puissent les femmes devenir chaque jour plus coquettes!

MACÉDOINE D'APHORISMES,

Pensées, Lieux Communs, etc.

Il est permis d'être amoureux comme un fou, mais non pas comme un sot.

*

Eprouve ton cœur avant de permettre à l'amour d'y pénétrer, disait l'école de Pythagore : le miel le plus doux s'aigrit dans un vase qui n'est pas net.

*

M. de Portalis, qu'il faut bien se garder de confondre avec S. Exc.

le ministre actuel des affaires étrangères, disait, dans la séance du 16 ventose an XVI : « Le mari et la femme doivent incontestablement être fidèles à la foi promise ; mais l'infidélité de la femme suppose plus de corruption et a des effets plus dangereux que l'infidélité du mari : aussi l'homme a toujours été jugé moins sévèrement que la femme. Toutes les nations, éclairées sur ce point par l'expérience et par une sorte d'instinct, se sont accordées... « Voilà une belle déclaration des droits de l'homme : La Fontaine répond : « Ah ! si les bêtes savaient peindre ! »

Remarque. Les hommes qui ont perdu leur femme sont tristes ; les veuves, au contraire, gaies et heureuses. Il y a même un proverbe parmi les femmes sur la félicité du veuvage. Il n'y a donc pas égalité dans le contrat d'union.

*

Les enfans connaissent tout le prix des larmes : c'est par elles qu'ils commandent, et quand on ne les écoute pas, ils se font mal exprès. — Les jeunes femmes agissent de même : elles se *piquent* d'amour-propre.

*

Le premier amour d'un jeune homme qui entre dans le monde

est ordinairement ambitieux. Il se déclare rarement pour une jeune fille douce, aimable, innocente. Un adolescent a besoin d'aimer un être dont les qualités l'élèvent à ses propres yeux. C'est au déclin de la vie qu'on en revient à aimer le simple, le naturel, désespérant du sublime. Entre ces deux périodes se place l'amour véritable, qui ne pense à rien qu'à soi-même.

*

« Apprenons aux dames à se faire valoir, à s'estimer, à nous amuser et à nous piper. Faisant filer leurs faveurs et les étalant en détail, chacun, jusqu'à la vieillesse misérable, y trouve quelque bout de lisière, selon son vaillant et son mérite. » (Montaigne.)

L'empire des femmes est beaucoup trop grand en France, l'empire de la femme beaucoup trop restreint.

*

L'amour est la seule passion qui se paie d'une monnaie qu'elle fabrique elle-même.

*

Quelle sotte chose que l'opinion publique! Un homme de trente ans séduit une jeune personne de quinze : c'est elle qui est déshonorée!

*

En amour, quand on *divise* de

l'argent, on augmente l'amour; quand on en *donne*, on le tue.

*

Une femme appartient de droit à l'homme qui l'aime et qu'elle aime *plus que la vie*.

*

Mademoiselle de Scudéry, qui était, du reste, une fort respectable demoiselle, assure que « La mesure du mérite se tire de l'étendue du cœur et de la capacité d'aimer. »

*

Votre rival le plus dangereux est celui qui vous ressemble le moins.

*

Dans une société très avancée,

l'amour-passion est aussi naturel que l'amour physique chez les sauvages.

*

« Si une femme ne me cède que par pitié, dit Montaigne, je préfère ne vivre point que de vivre d'aumône. »

*

Il n'y a d'unions à jamais légitimes que celles qui sont commandées par une grande passion.

*

« Si vous voulez déployer l'amour et le considérer un peu de près, à découvert, à peine trouverez-vous une autre affection qui ait les douleurs plus aiguës, ni les joies plus véhémentes, ni de plus grandes extases et ravissemens d'esprit. »

C'est l'antique Plutarque qui s'exprime ainsi dans les *symposiaques*, et, d'honneur, il n'est pas un écolier de rhétorique qui, en traduisant ce passage, ne brûle de reconnaître l'exactitude de la définition du philosophe.

*

Les hommes s'attachent moins à la réalité de l'objet qu'à l'image arbitraire que la prévention y substitue. Aussi, l'objet des passions n'est pas ce qui les dégrade ou ce qui les ennoblit, mais la manière dont on envisage cet objet.

*

« J'appelle *plaisir* toute perception que l'ame aime mieux éprouver que de ne pas éprouver.

» J'appelle *peine* toute perception que l'ame aime mieux ne pas éprouver qu'éprouver.* »

Désiré-je m'endormir plutôt que de sentir ce que j'éprouve, nul doute, c'est une *peine :* donc les désirs de l'amour ne sont pas des peines, car l'amant quitte pour rêver à son aise les sociétés les plus attrayantes.

*

« Il ne faut pas penser à gouverner un cœur tout d'un coup et

* Maupertuis.

sans aucune préparation : il sentirait d'abord l'empire et l'ascendant qu'on veut prendre sur lui, il secouerait le joug par honte ou par caprice. Il sent toutes les petites choses ; et de là le progrès jusqu'aux plus grandes est immanquable. » (Labruyère.)

*

On finit toujours au dernier moment de la visite par traiter son amant mieux qu'on ne voudrait.

*

La plupart des hommes, par vanité, par méfiance, par crainte du malheur, ne se livrent à aimer une femme qu'après l'intimité.

*

Une femme croit entendre la voix du public dans le premier sot ou la première amie perfide qui se déclare auprès d'elle l'interprète fidèle du public.

*

Un homme parfois découvre que son rival est aimé, et celui-ci ne le voit pas, à cause de sa passion.

*

Plus un homme est éperdument amoureux, plus grande est la violence qu'il est obligé de se faire pour oser risquer de fâcher la femme qu'il aime en lui prenant la main.

*.

Il faut aussi parfois citer les génies positifs : osons donc invoquer en faveur de la galanterie les paroles du grave Leibnitz. Ouvrez, Lecteur, le chapitre vingt du titre deux, *sur les Progrès de l'Entendement humain* : « Aimer, c'est être porté à prendre du plaisir dans la perfection. » Nous n'aimons point proprement ce qui est incapable de plaisir ou de bonheur. L'amour de bienveillance nous fait avoir en vue le plaisir d'autrui, mais comme faisant ou plutôt constituant le nôtre; car s'il ne rejaillissait pas sur nous en quelque façon, nous ne pourrions pas nous y intéresser, puisqu'il est impossible, quoi qu'on dise, d'être détaché du bien propre.

*

Madame de Genlis, qui a raffolé vingt ans du théâtral Louis XIV, dit dans *Mademoiselle de Clermont :* « Par la suite, l'expérience lui apprit que pour les femmes le véritable amour n'est qu'une amitié exaltée, et que celui-là seul est durable : c'est pourquoi l'on peut citer tant de femmes qui ont eu de grandes passions pour des hommes avancés en âge. »

*

La pruderie est une espèce d'avarice, la pire de toutes.

*

L'influence de l'éducation et des

passions forment entre elles l'aversion et l'antipathie. » (Labruyère.)

*

Une femme galante veut qu'on l'aime : il suffit à la coquette d'être trouvée belle. Celle-là cherche à engager, celle-ci se contente de plaire. La première passe successivement d'un engagement à un autre, la seconde a plusieurs amusemens à la fois. Ce qui domine dans l'une, c'est la passion et le plaisir; dans l'autre, c'est la vanité et la légèreté. La galanterie est un vice du cœur, la coquetterie un déréglement de l'esprit. La femme galante se fait craindre, et la coquette se fait haïr.

*

« Les passions sont les seuls orateurs qui persuadent toujours : elles sont comme un art de la nature dont les règles sont infaillibles ; et l'homme le plus simple qui a de la passion persuade plus que le plus éloquent qui n'en a point. » (La Rochefoucauld.)

*

L'amour, aussi bien que le feu, ne peut subsister sans un mouvement continuel, et il cesse de vivre dès qu'il cesse d'espérer ou de craindre.

*

Que d'honnêtes femmes ressemblent à ces trésors cachés qui ne sont en sûreté que parce qu'on ne les recherche pas.

*

Les coquettes se font honneur d'être jalouses de leurs amans, pour cacher qu'elles sont envieuses des autres femmes.

*

Dans la vieillesse de l'amour, comme dans celle de l'âge, on vit encore pour les maux, mais on ne vit plus pour les plaisirs.

*

Dans les premières passions, les femmes aiment l'amant; dans les autres, elles aiment l'amour.

Notre Code paraîtrait sans doute incomplet si l'on n'y trouvait, en regard de l'esquisse de nos coutumes actuelles, un aperçu des mœurs galantes si renommées du moyen-âge.

L'histoire des cours d'amour, que nous empruntons à l'excellent ouvrage de M. de Stendhal, offrira au lecteur de piquans contrastes, de singulières analogies et un piquant intérêt.

DES COURS D'AMOUR.

Il y a eu des cours d'amour en France, de l'an 1150 à 1200. Voilà ce qui est prouvé. Probablement l'existence des cours d'amour remonte à une époque beaucoup plus reculée.

Les dames réunies dans les cours d'amour rendaient des arrêts, soit sur des questions de droit, par exemple : L'amour peut-il exister entre mariés ?

Soit sur des cas particuliers

que les amans leur soumettaient*.

Autant que je puis me figurer la partie morale de cette jurisprudence, cela devait ressembler à ce qu'aurait été la cour des maréchaux de France, établie pour le point d'honneur par Louis XIV, si toutefois l'opinion eût soutenu cette institution.

André, chapelain du roi de France, qui écrivait vers l'an 1170, cite les cours d'amour

Des dames de Gascogne,

D'Ermengarde, vicomtesse de Narbonne (1144, 1194),

* André, le chapelain, Nostradamus, Raynouard, Crescinbeni, d'Arétin.

De la reine Éléonore,

De la comtesse de Flandre,

De la comtesse de Champagne (1174.)

André rapporte neuf jugemens prononcés par la comtesse de Champagne.

Il cite deux jugemens prononcés par la comtesse de Flandre.

Jean de Nostradamus, *Vie des poètes provençaux*, dit, page 15 :

« Les tensons étaient disputes d'amours, qui se faisaient entre les chevaliers et dames poètes entre-parlant ensemble de quelque belle et subtile question d'amour; et où il ne s'en pouvaient accorder, il les envoyaient, pour en avoir la définition, aux dames illustres présidentes, qui tenaient cour d'amour ouverte et planière à *Signe* et *Pierrefeu*, ou à *Romanin* ou à autres, et là-dessus en fesaient arrêts qu'on nommait *lous arrêts d'amours.* »

Voici les noms de quelques unes des dames qui présidaient aux cours d'amour de Pierrefeu et de Signe :

Stephanette, dame de Baulx, fille du comte de Provence ;

Adalarie, vicomtesse d'Avignon ;

Alalète, dame d'Ongle ;

Hermyssende, dame de Posquières ;

Bertrane, dame d'Urgon ;

Mabille, dame d'Yères;
La comtesse de Dye;
Rostangue, dame de Pierrefeu;
Bertrane, dame de Signe;
Jausserande de Claustral *. »

Il est vraisemblable que la même cour d'amour s'assemblait tantôt dans le château de Pierrefeu, tantôt dans celui de Signe. Ces deux villages sont très voisins l'un de l'autre, et situés à peu près à égale distance de Toulon et de Brignoles.

Dans la *Vie de Bertrand d'Alamanon*, Nostradamus dit :

« Ce troubadour fut amoureux de Phanette ou Estephanette de

* Nostradamus, page 27

Romanin, dame dudit lieu, de la maison de Gantelmes, qui tenait de son temps cour d'amour ouverte et planière en son château de Romanin, près la ville de Saint-Remy, en Provence, tante de Laurette d'Avignon, de la maison de Sado, tant célébrée par le poète Pétrarque. »

A l'article de Laurette, on lit que Laurette de Sade, célébrée par Pétrarque, vivait à Avignon vers l'an 1341, qu'elle fut instruite par Phanette de Gantelmes, sa tante, dame de Romanin; que « toutes » deux romansoyent promptement » en toute sorte de rithme proven-

» salle, suyvant ce qu'en a escrit » le monge des Isles d'Or, les œu- » vres desquelles rendent ample » tesmoignage de leur doctrine.... » Il est vray (dict le monge) que »Phanette ou Estephanette, comme » très excellente en la poésie, avait » une fureur ou inspiration divine, » laquelle fureur estait estimée un » vray don de Dieu ; elles estoyent » accompagnées de plusieurs..... » dames illustres et généreuses* de

* « Jehanne, dame de Baulx;
» Huguette de Forcalquier, dame de Trects;
» Briande d'Agoult, comtesse de la Lune;
» Mabille de Villeneuve, dame de Vence;
» Béatrix d'Agoult, dame de Sault;
» Ysoarde de Roquefueilh, dame d'Ansoys;
» Anne, vicomtesse de Tallard;

» Provence, qui fleurissoyent de ce » temps en Avignon, lorsque la cour » romaine y résidoit, qui s'adon- » noyent à l'estude des lettres te- » nans cour d'amour ouverte, et y » deffinissoyent les questions d'a- » mour qui y estoyent proposées » et envoyées.....

» Guillen et Pierre Balbz et » Loys des Lascaris, comtes de » Vintimille, de Tende et de la « Brigue, personnages de grand

» Blanche de Flassans, surnommée Blanka-flour;

» Doulce de Monstiers, dame Clumane;

» Antonette de Cadenet, dame de Lambesc;

» Magdalène de Sallon, dame dudict lieu;

» Rixende de Puyverd, dame de Trans. »

Nostradamus, page 217.

» renom, estant venus de ce temps
» en Avignon visiter Innocent VI
» du nom, pape, furent ouyr les
» deffinitions et sentences d'amour
» prononcées par ces dames ; les-
» quels, esmerveillez et ravis de
» leurs beaultés et savoir, furent
» surpris de leur amour. »

Les troubadours nommaient souvent, à la fin de leurs tensons, les dames qui devaient prononcer sur les questions qu'ils agitaient entre eux.

Un arrêt de la cour des dames de Gascogne porte :

« La cour des dames, assemblée en Gascogne, a établi, du consentement de *toute la cour*, cette constitution perpétuelle, etc., etc. »

La comtesse de Champagne, dans l'arrêt de 1174, dit :

« Ce jugement, que nous avons porté avec une extrême prudence, est appuyé de l'avis d'un très grand nombre de dames..... »

On trouve dans un autre jugement :

« Le chevalier, pour la fraude qui lui avait été faite, dénonça toute cette affaire à la comtesse de Champagne, demanda humblement que ce délit fût soumis au jugement de la comtesse de Champagne et des autres dames.

» La comtesse, ayant appelé auprès d'elle soixante dames, rendit ce jugement, etc. »

André, le chapelain, duquel nous tirons ces renseignemens, rapporte que le code d'amour avait été publié par une cour composée d'un grand nombre de dames et de chevaliers.

André nous a conservé la supplique qui avait été adressée à la comtesse de Champagne lorsqu'elle décida par la négative cette question : *Le véritable amour peut-il exister entre époux?*

Mais quelle était la peine encourue lorsque l'on n'obéissait pas aux arrêts des cours d'amour ?

Nous voyons la cour de Gascogne ordonner que tel de ses jugemens serait observé comme constitution perpétuelle, et que les dames qui n'y obéiraient pas encourraient l'inimitié de toute dame honnête.

Jusqu'à quel point l'opinion sanctionnait-elle les arrêts des cours d'amour ?

Y avait-il autant de honte à s'y soustraire qu'aujourd'hui à une affaire commandée par l'honneur ?

Je ne trouve rien dans *André* ou dans Nostradamus qui me mette à même de résoudre cette question.

Deux troubadours, Simon Doria et Lanfranc Cigalla, agitèrent la question : « Qui est plus digne » d'être aimé, ou celui qui donne » libéralement, ou celui qui donne » malgré soi, afin de passer pour » libéral ? »

Cette question fut soumise aux dames de la cour d'amour de Pierrefeu et de Signe; mais les deux troubadours ayant été mécontens du jugement, recoururent à la cour d'amour souveraine des dames de Romanin *.

La rédaction des jugemens est toute conforme à celle des tribu-

* Nostradamus, page 131.

naux judiciaires de cette époque.

Quelle que soit l'opinion du lecteur sur le degré d'importance qu'obtenaient les cours d'amour dans l'attention des contemporains, je le prie de considérer qu'elles sont aujourd'hui, en 1822, les sujets de conversation des dames les plus considérées et les plus riches de Toulon et de Marseille.

N'étaient-elles pas plus gaies, plus spirituelles, plus heureuses en 1174 qu'en 1822?

Presque tous les arrêts des cours d'amour ont des considérans fondés sur les règles du code d'amour.

Ce code d'amour se trouve en

entier dans l'ouvrage d'André, le chapelain.

Il y a trente et un articles. Les voici :

CODE D'AMOUR

DU XIIe SIÈCLE.

1.

L'allégation de mariage n'est pas excuse légitime contre l'amour.

2.

Qui ne sait céler ne sait aimer,

3.

Personne ne peut se donner à deux amours.

4.

L'amour peut toujours croître ou diminuer.

5.

N'a pas de saveur ce que l'amant prend de force à l'autre amant.

6.

Le mâle n'aime d'ordinaire qu'en pleine puberté.

7.

On prescrit à l'un des amans, pour la mort de l'autre, une viduité de deux années.

8.

Personne, sans raison plus que

suffisante, ne doit être privé de son droit en amour.

9.

Personne ne peut aimer s'il n'est engagé par la persuasion d'amour (par l'espoir d'être aimé).

10.

L'amour d'ordinaire est chassé de la maison par l'avarice.

11.

Il ne convient pas d'aimer celle qu'on aurait honte de désirer en mariage.

12.

L'amour véritable n'a désir de

caresses que venant de celle qu'il aime.

13.

Amour divulgué est rarement de durée.

14.

Le succès trop facile ôte bientôt son charme à l'amour : les obstacles lui donnent du prix.

15.

Toute personne qui aime pâlit à l'aspect de celle qu'elle aime.

16.

A la vue imprévue de ce qu'on aime, on tremble.

17.

Nouvel amour chasse l'ancien.

18.

Le mérite seul rend digne d'amour.

19.

L'amour qui s'éteint tombe rapidement, et rarement se ranime.

20.

L'amoureux est toujours craintif.

21.

Par jalousie véritable l'affection d'amour croît toujours.

22.

Du soupçon et de la jalousie qui en dérive croît l'affection d'amour.

23.

Moins dort et moins mange celui qu'assiége pensée d'amour.

24.

Toute action de l'amant se termine par penser à ce qu'il aime.

25.

L'amour véritable ne trouve rien de bien que ce qu'il sait plaire à ce qu'il aime.

26.

L'amour ne peut rien refuser à l'amour.

27.

L'amant ne peut se rassasier de la jouissance de ce qu'il aime.

28.

Une faible présomption fait que l'amant soupçonne des choses sinistres de ce qu'il aime.

29.

L'habitude trop excessive des plaisirs empêche la naissance de l'amour.

30.

Une personne qui aime est occupée par l'image de ce qu'elle

aime assidûment et sans interruption.

31.

Rien n'empêche qu'une femme ne soit aimée par deux hommes, et un homme par deux femmes*.

* 1 Causa conjugii ad amorem non est excusatio recta.

2 Qui non celat, amare non potest.

3 Nemo duplici potest amore ligari.

4 Semper amorem minui vel crescere constat.

5 Non est sapidum quod amans ab invito sumit amante.

6 Masculus non solet nisi in plenâ pubertate amare.

7 Biennalis viduitas pro amante defuncto superstiti præscribitur amanti.

8 Nemo, sinè rationis excessu, suo debet amore privari.

9 Amare nemo potest, nisi qui amoris suasione compellitur.

Voici le dispositif d'un jugement rendu par une cour d'amour.

10 Amor semper ab avaritiæ consuevit domiciliis exulare.

11 Non decet amare quarum pudor est nuptias affectare.

12 Verus amans alterius nisi suæ coamantis ex affectu non cupit amplexus.

13 Amor raró consuevit durare vulgatus.

14 Facilis perceptio contemptibilem reddit amorem, difficilis eum parúm facit haberi.

15 Omnis consuevit amans in coamantis aspectu pallescere.

16 In repentinâ coamantis visione, cor tremescit amentis.

17 Novus amor veterem compellit abire.

18 Probitas sola quemcumque dignum facit amore.

19 Si amore minuatur, citò deficit et raró convalescit.

20 Amorosus semper est timorosus.

Question : « Le véritable amour peut-il exister entre personne mariées ? »

21 Ex verâ zelotypiâ affectus semper crescit amandi.

22 De coamante suspicione perceptâ zelus intereà et affectus crescit amandi.

23 Minùs dormit et edit quem amoris cogitatio vexat.

24 Quilibet amantis actus in coamantis cogitatione finitur.

25 Verus amans nihil beatum credit, nisi quod cogitat amanti placere.

26 Amor nihil posset amori denegare.

27 Amans coamantis solatiis satiari non potest.

28 Modica præsumptio cogit amantem de coamante suspicari sinistra.

29 Non solet amare quem nimia voluptatis abundantia vexat.

30 Verus amans assiduâ, sinè intermissione, coamantis imagine detinetur.

JUGEMENT de la comtesse de Champagne : « Nous disons et as- » surons, par la teneur des pré- » sentes, que l'amour ne peut » étendre ses droits sur deux per- » sonnes mariées. En effet, les « amans s'accordent tout, mutuel- » lement et gratuitement, ans être » contraints par aucun motif de « nécessité, tandis que les époux » sont tenus, par devoir, de subir » réciproquement leurs volontés » et de ne se refuser rien les uns » aux autres.....

31 Unam feminam nihil prohibet à duobus amari, et à duabus mulieribus unum.
Fol. 103.

» Que ce jugement, que nous » avons rendu avec une extrême » prudence, et d'après l'avis d'un » grand nombre d'autres dames, » soit pour vous d'une vérité con- » stante et irréfragable. Ainsi jugé, » l'an 1174, le 3e jour des calendes » de mai, indiction VIIe *. »

* « Utrum inter conjugatos amor possit habere locum?

» Dicimus enim et stabilito tenore firmamus amorem non posse inter duos jugales suas extendere vires, nam amantes sibi invicem gratis omnia largiuntur, nullius necessitatis ratione cogente; jugales verò mutuis tenentur ex debito voluntatibus obedire et in nullo seipsos sibi ad invicem denegare...

» Hoc igitur nostrum judicium, cum nimiâ moderatione prolatum, et aliarum quamplurium dominarum consilio roboratum, pro indubitabil vobis sit ac veritate constanti.

» Ab anno M. C. LXXIV, tertio calend. maii, indictione VII, » Fol. 56.

Ce jugement est conforme à la première règle du code d'amour : « Causa conjugii, non est ab amore excusatio recta. »

TABLE.

CODE GALANT.

TITRE PREMIER.

AVANT.

***

TITRE DEUXIÈME.

PENDANT.

TITRE TROISIÈME.

APRÈS.

FIN DE LA TABLE.

www.ingramcontent.com/pod-product-compliance
Lightning Source LLC
Chambersburg PA
CBHW070616100426
42744CB00006B/503

* 9 7 8 2 0 1 2 1 6 9 4 2 5 *